AF475727

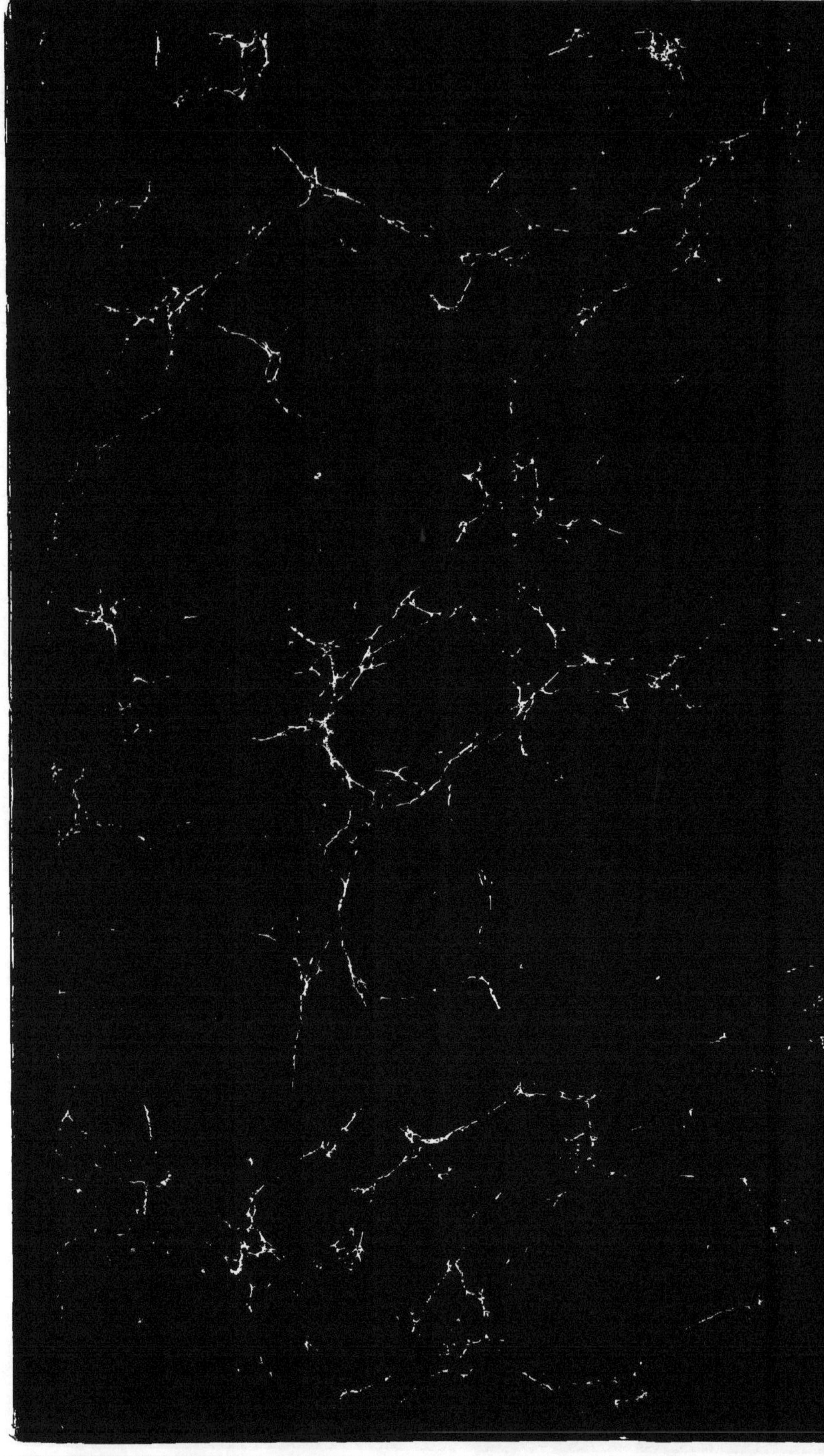

NOTICE

SUR

LA VILLE D'ANDUZE

ET SES ENVIRONS.

A MONTPELLIER, CHEZ { GABON et C.e, libr., Grand'Rue.
SEVALLE, libr., Grand'Rue. }

A NISMES, CHEZ POUCHON, libraire, Boulevard de la Comédie.

MONTPELLIER, IMPRIMERIE DE JEAN MARTEL JEUNE.

NOTICE

SUR

LA VILLE D'ANDUZE

ET SES ENVIRONS ;

ORNÉE D'UNE CARTE TOPOGRAPHIQUE ET DE DEUX LITHOGRAPHIES ;

Par A.-L.-G. Viguier,

Docteur en médecine de la Faculté de Montpellier; Correspondant de la Société de médecine du Gard.

Semper amica veritas.

PARIS,

Chez DELAUNAY, Libraire, Palais-Royal.
GABON et Comp.^e, Libraires, rue de l'École de Médecine.

1823.

A MON FRÈRE

Auguste Viguier.

Un ouvrage sans prétention doit être offert à l'amitié ; c'est à toi que je le dédie.

A.-L.-G. VIGUIER.

AVANT-PROPOS.

Cette Notice est un ouvrage auquel l'auteur attache peu d'importance. Échappé à sa plume, comme un essai, il ne plaira pas à celui qui recherche les ouvrages scientifiques. Mais l'homme du monde qui se plaît à des lectures faciles, pour qui des connaissances générales sur beaucoup de choses sont d'un grand intérêt, y trouvera peut-être quelques pages de son goût.

L'Ouvrage est divisé en six chapitres. Le premier est consacré à faire connaître l'Aspect des environs d'Anduze. L'ami de la nature verra dans cette partie descriptive, des tableaux qui demandaient, pour être bien rendus, un style brillant et pittoresque. J'ai senti toute mon insuffisance à cet égard. Je n'ai consulté que mon enthousiasme, et j'ai eu le courage d'écrire ce chapitre. On s'apercevra que si mes facultés avaient répondu à mes sensations, j'aurais intéressé. Dans le second chapitre, je parle du

Climat: c'est là qu'on trouvera des observations, et qu'on pourra voir si j'ai pris quelque peine. L'Histoire d'Anduze forme le troisième chapitre. Ici, le lecteur sentira les difficultés que j'ai eu à vaincre. Il fallait rappeler tous les événemens, sans s'y arrêter d'une manière exclusive; il fallait de plus les présenter sous un jour qui fût à l'abri de toute sorte d'influence : je me flatte d'y être parvenu. *Semper amica veritas* est la devise que je me suis imposée. On le reconnaîtra également dans le quatrième chapitre, où j'avais à parler des Habitans, sous le rapport du caractère, des mœurs, des préjugés, de l'industrie, etc. Un article de Médecine entrait dans ce travail; je l'ai rendu aussi court qu'il m'a été possible, et je l'ai mis à la portée de tous les lecteurs. Le cinquième chapitre renferme un Aperçu historique sur les environs. Dans celui-ci, comme dans les deux précédens, j'ai mis l'impartialité qui convient à mon caractère. Aucune considération n'a pu affaiblir mon zèle pour la vérité, et le désir que j'ai toujours eu de lui rendre un public hommage. J'ai suivi les inspirations de ma conscience: je crois avoir fait un ouvrage de bonne foi. Le sixième et dernier chapitre est celui qui m'a le plus vivement intéressé. Consacré à l'Histoire naturelle, il m'offrait un sujet tout à la fois vaste et facile pour la manière dont j'avais à la décrire. Des idées générales sur toutes les branches de cette intéressante science, ne devaient pas offrir une grande difficulté à celui qui depuis long-temps s'occupe de son étude. J'avoue toutefois que la partie géognostique a exigé des recherches pénibles. Souvent il a fallu parcourir les montagnes pour déterminer leur nature, et s'assurer qu'on n'oubliait rien d'important. Malgré le zèle que j'y ai mis, je ne crois pas avoir tout vu; je pense que de nouvelles recherches sont nécessaires: et ce qu'on trouvera dans cette notice, n'est propre qu'à attirer l'attention des savans sur la contrée qu'elle décrit.

Il est inutile de renouveler ici les remercîmens que je dois à quelques personnes pour la partie historique : je leur témoigne ailleurs ma reconnaissance. Je dois dire un mot de

l'histoire d'Anduze, par M. Paulet, ouvrage manuscrit, connu seulement dans cette ville. Bien différente de ma notice, et pour la forme et pour le fond, cette histoire ne m'a presque rien fourni d'intéressant. Un seul chapitre de mon Ouvrage a quelque rapport avec elle, surtout dans ce qui concerne les Seigneurs; mais on verra que j'ai puisé dans l'Histoire générale de Languedoc, qui avait également servi à M. Paulet. J'ai eu soin d'indiquer le manuscrit en question, toutes les fois qu'il m'a été utile. Les autres chapitres sont tout différens.

Je dois des remercîmens à M. E. Moquin, pour le zèle qu'il a mis à la confection de la Carte, et des éloges pour la manière dont il l'a gravée. Je dois quelque reconnaissance à M. F. Itier, qui m'a fourni deux lithographies.

Vue de la Ville d'Anduze

NOTICE

SUR

LA VILLE D'ANDUZE

ET SES ENVIRONS.

CHAPITRE PREMIER.

Situation de la ville d'Anduze. — Aspect de ses environs.

ANDUZE est au pied des Cévennes, dans le département du Gard, à 44° 3' de latitude et 1° 37' de longitude du méridien de Paris; elle est à 140 lieues S. de la capitale, 9 lieues N. de Montpellier, 7 lieues N. O. de Nismes, et à plus de 2 lieues S. O. d'Alais.

Sa situation, à l'extrémité septentrionale d'un vallon pittoresque, est vraiment remarquable. Bâtie au pied et sur le penchant d'une montagne calcaire assez élevée, appelée Saint-

Julien (1), la ville se présente en amphithéâtre dans la direction du Nord-Est au Sud-Ouest. Le Gardon en arrose les murs et la sépare d'un faubourg situé au pied d'une autre montagne calcaire encore plus élevée et connue sous le nom de Pierremale. Le rapprochement de ces deux montagnes forme une gorge imposante. Un beau Pont joint le faubourg à la ville : un quai d'une belle construction la garantit des ravages que pourraient causer les débordemens de la rivière. Pierremale et Saint-Julien font partie d'une chaîne qui s'élève au Nord de la ville, en se dirigeant du Nord-Est au Sud-Ouest.

Des coteaux cultivés en amphithéâtre partent de la croupe de ces montagnes, et s'étendent vers le Midi d'une manière irrégulière, en conservant toutefois une espèce de parallélisme. Ceux de l'Arbousset se présentent à l'Est en

(1) Sa hauteur prise au baromètre par M. d'Hombres-Firmas, est de 199 mèt.' 25 cent.' au-dessus du Gardon et de 315 mèt.' 88 cent.' au-dessus du niveau de la mer. J'ai trouvé au graphomètre 199 mèt.' 15 cent.' (environ 102 toises) au-dessus du Gardon. Lacan, selon M. d'Hombres, a 357 mèt.' 25 cent.' au-dessus de la mer, et Pierremale 355 mèt.' Je trouve une plus grande différence : la première a 331 mèt.' 12 cent.'; la seconde a 283 mèt.' 25 cent.' toujours au-dessus du Gardon. La grande Palière a 321 mèt.' 88 cent.'; le Capelan 271 mèt.' 02 cent.'

forme de muraille, au delà de laquelle on n'aperçoit plus rien. Les coteaux du Poulverel et de Veirac occupent la partie de l'Ouest et s'élèvent à peu près à la même hauteur de l'Arbousset; mais leur aspect en est différent, ils ont une pente douce. Ceux du Poulverel sont couronnés par le mamelon de Baudouin, la grande Palière et le sommet du Capelan. Derrière les coteaux de Veirac, s'élève au Sud la montagne de Lacan, masse calcaire qui est un des points les plus élevés des environs, et dont la hauteur est de 160 toises au-dessus du niveau de la rivière. Le vallon d'Anduze est terminé au Midi par les jolis coteaux de Tavillon, et au Sud-Est par deux monticules calcaires très-arides, qui forment de ce côté la séparation des montagnes d'avec la plaine. Sur celui de l'Ouest, on voit encore au sommet les ruines d'un vieux château appelé Tornac : sur le penchant du monticule de l'Est, sont aussi les restes d'un château qui paraît contemporain de celui de Tornac, mais moins considérable. Le Gardon coule du Nord au Midi entre ces coteaux et ces montagnes, et répand partout une aimable fraîcheur.

Ce que je viens de dire suffit pour donner une idée de la situation de la ville d'Anduze. Mais, comment peindre l'admirable tableau qu'offre ce site enchanteur dans les beaux jours du printemps! L'homme sensible à ce spectacle, ne voit jamais sans douleur la main de l'industrie arrachant aux mûriers ses jolies feuilles, dont la verdure couvre tout le vallon. C'est ordinairement à la fin d'avril et au commencement de mai, que la nature est ici dans toute sa magnificence; plus tard, elle est dépouillée d'une partie de sa beauté. Elle reparaît en juillet presque aussi belle qu'auparavant; en septembre, elle est encore digne d'être vue. A ces trois époques, le vallon d'Anduze est très-animé. Les coteaux qui sont couverts de mûriers, d'oliviers, de vignes, et dans quelques endroits, de châtaigniers, de chênes et de prairies, contrastent singulièrement avec les montagnes qui les couronnent, et dont l'aspect aride a quelque chose de sauvage. Pierremale avec sa double cime, Saint-Julien dont le sommet offre encore les ruines d'une antique petite église, le Capelan, la Grande-Palière, Baudouin, et surtout la belle croupe de Lacan, ornée d'une tête qui semble commander à tout ce qui l'environne, attirent plus particulièrement les regards du voyageur. Des jardins, des prairies plantées de mûriers, des peupliers et des saules bordant la rivière, forment au milieu de ces montagnes, une plaine toute verte, toute riante qu'on ne se lasse jamais d'admirer. Des sources abondantes d'une eau vive qui ne tarit jamais, entretiennent sans cesse la fraîcheur d'une végétation active. La ville entourée de tous ces objets de la nature, et un grand nombre de maisons champêtres élevées çà et là dans tout le vallon, contribuent puissamment à l'effet pittoresque de ces lieux.

Les environs d'Anduze sont très-agréables : ils se présentent à peu près partout sous les mêmes couleurs. Ce qu'on a déjà vu, s'offre à chaque pas : des montagnes, des coteaux cultivés, des prairies, des forêts de mûriers et de chênes ; des châtaigniers, des oliviers et des vignes : voilà ce que l'on rencontre, ce qui embellit le pays, ce qui répand l'aisance parmi ses habitans. La nature n'y est pas dans ces grandes proportions que l'on admire dans les Alpes et dans les Pyrénées ; elle n'étonne pas, mais elle plaît. Son charme est dans sa simplicité, dans sa fraîcheur ; son coloris est gracieux. Le peintre y trouvera des paysages dignes de ses pinceaux ; le naturaliste y rencontrera des richesses dans tous les genres. La Botanique, la Minéralogie surtout, lui présenteront un champ vaste à ses recherches. La Géologie fixera son attention : c'est là, qu'il pourra méditer sur la formation du globe, et puiser peut-être quelques lumières sur cette importante branche des sciences naturelles. Le voyageur qui ne considère que les travaux de l'homme, qui n'a des yeux que pour l'industrie, verra avec plaisir ces coteaux en amphithéâtre, dont la culture est si pénible et l'aspect si gracieux. O vous ! à qui le séjour des grandes villes n'a pas encore ôté le goût de la nature, venez dans ces contrées, vous y trouverez des habitations charmantes. Vous n'y serez point entouré de l'éclat des Beaux-arts : le luxe brillant que vous aimez, les plaisirs qu'il procure et que vous recherchez avec tant d'ardeur, ne vous y attendent pas ; mais tous les jours à votre réveil, vous pourrez jouir d'une vue agréable ; l'air des montagnes fera circuler dans vos veines, ce bien-être délicieux qu'on n'a jamais senti au sein des villes, et qu'on est toujours sûr d'éprouver au milieu d'un beau paysage. Tout vous entraînera vers cette douce mélancolie qui réveille dans le cœur des hommes les sentimens les plus tendres, et qui fait perdre aux passions sociales ce qu'elles ont d'amer.

Au Nord d'Anduze, à une très-petite distance de la ville, on trouve le vallon romantique de Labau. Il est séparé de celui d'Anduze par les montagnes de Saint-Julien et de Pierremale, qui forment, comme je l'ai déjà dit, une gorge imposante. Avant d'arriver à ce beau vallon, arrêtons-nous un moment dans ce passage. Contemplons ces masses énormes de rochers qui semblent suspendus sur nos têtes et nous menacer de leur chute. Quelle majesté dans la

Vue du Vallon de Labau

Lith. de H. Brunet à Lyon.

montagne de Saint-Julien ! Quelle grandeur dans celle de Pierremale ! Le rapprochement de ces deux montagnes, leur aspect décharné, la rivière qui, dans cette partie, ressemble à un torrent, souvent même le croassement des corbeaux; tout, dans cette gorge, concourt à faire sur l'âme du voyageur, une impression forte et profonde. Lorsqu'on arrive par la route de Saint-Jean-du-Gard, on ne conçoit pas comment on pourra sortir du vallon, à travers ces immenses pans de murailles. A peine a-t-on fait quelques pas dans ce défilé, qu'on se croit échappé seul au bouleversement de la nature. Mais bientôt la vue, dégagée de ce triste aspect, tombe sur le joli vallon d'Anduze.

Deux chemins pratiqués, l'un sur Saint-Julien, l'autre sur Pierremale, de 15 à 20 pieds au-dessus du Gardon, conduisent au vallon de Labau. Du chemin de la rive droite, qui n'est que le prolongement du quai, on jouit d'une vue tout-à-fait riante. Des personnes qui ont parcouru la Suisse, m'ont assuré qu'on leur avait fait voir des paysages d'un effet moins pittoresque que celui de Labau. Ce qu'il y a de certain, c'est que tout le monde est enchanté de cette vue : les Anduziens la citent avec orgueil ; les voyageurs s'y arrêtent avec plaisir. Dans l'ensemble, comme dans les détails, la nature s'y présente sous beaucoup de formes : le bassin de ce vallon est grand; il est couvert d'arbres, de prairies, et entouré de riches coteaux. A l'Ouest, s'élèvent le Capelan et les deux Palières. L'aspect de ces montagnes diffère beaucoup: l'une d'elles, aride comme Pierremale et Saint-Julien, n'est que faiblement ombragée par quelques chênes-verts, et présente une forme qui ne ressemble pas mal à un bonnet carré (1); les autres, situées derrière, s'étendent vers le Nord, en forme de muraille; elles sont granitiques et couvertes de châtaigniers. A l'Est, les regards se portent avec délices sur les coteaux de Moiniés. Au Nord, on découvre Montfescau, petite montagne sombre, couverte d'yeuses et de châtaigniers, et sur le sommet de laquelle on aperçoit encore les ruines d'une vieille tour carrée; à côté, et un peu vers le Nord-Est, se présente le *serre* de Cammau, qui n'est que la suite des Palières. Au delà, sont d'autres montagnes plus élevées, formant un lointain admirable. Le Gardon, au milieu de ce paysage qu'il arrose de ces eaux limpides, donne à ce spectacle quelque chose de très-animé. Le tout

(1) Le mot *capélan* en languedocien signifie prêtre. On appelle cette montagne, *lou serre das Capélans*. Elle appartenait anciennement à des prêtres qui habitaient un monastère situé sur la croupe de la montagne. Son nom peut bien venir de là, et non de sa forme.

forme un site enchanteur, qu'il faut voir au soleil couchant.

Deux petits vallons très-resserrés se trouvent, l'un à l'Ouest, l'autre à l'Est, comme des appendices du beau vallon de Labau. Le premier est formé par l'intervalle compris entre Saint-Julien et le Capelan; le second est entre Pierremale et les coteaux de Moiniés. Ils sont sillonnés par deux petits ruisseaux, qui vont se jeter dans le Gardon. Celui-ci, appelé vallon des Gyppières, à cause d'une carrière de gypse qu'on y exploite et d'un hameau qui porte ce nom, est plus étendu que l'autre, qu'on nomme vallon de Montaigu. Leur aspect n'a rien de séduisant. Celui des Gyppières présenterait plutôt de belles horreurs. Rien, en effet, n'est plus triste à voir, que la montagne de Pierremale, qui, de ce côté-là, se présente comme un rideau gris-cendré.

Au Nord de Labau, on rencontre un joli vallon; c'est celui de Générargues. Séparé du vallon des Gyppières par les coteaux des Moiniés, il est aussi frais que l'autre est aride. En remontant le ruisseau d'Amous, la vue est charmée des belles plantations de mûriers qui bordent ses rives, et des châtaigneraies riantes qui ombragent toute cette petite vallée. De jolis sites se présentent à chaque pas. Parvenu au pont de Saint-Sébastien, on a deux chemins à suivre : l'un est charmant et au milieu d'une nature riante ; l'autre, au contraire, est triste, et conduit à Alais, à travers un pays sec et aride. Ce n'est qu'à une demi-lieue avant d'arriver à cette ville, que le paysage s'embellit. On est alors dans un des vallons de Saint-Jean-du-Pin.

Le vallon de Labau a deux issues au Nord. C'est là que commencent deux grandes vallées qui conduisent dans les Cévennes. La plus septentrionale est la vallée du Gardon de Mialet; l'autre est la vallée du Gardon de Saint-Jean. Celle-ci se subdivise et forme à l'Ouest la vallée de la Salindrèse ou de La Salle. Les trois rivières qui fertilisent ces vallées, réunies dans le vallon de Labau, forment le Gardon d'Anduze, lequel après avoir arrosé les deux beaux vallons de cette ville, va serpenter au milieu de la vallée de Beau-Rivage, et se réunir au Gardon d'Alais.

A l'entrée de la vallée de Mialet, on rencontre le site pittoresque du Rocan. Mais, avant d'y arriver, on a pu jouir de la vue d'un beau paysage : c'est celui qu'on aperçoit du chemin en se tournant vers le Midi. Le vallon de Labau n'offre pas de ce côté, un aspect aussi gracieux que celui qu'il nous a présenté du côté du Nord. On y voit Pierremale et Saint-Julien, dont l'élévation majestueuse et la couleur grisâtre font un très-bel effet au-dessus de la verte et riante plaine qu'ils terminent. La gorge formée par ces deux montagnes, laisse voir les coteaux de l'Arbousset, et au delà, le tertre pelé sur lequel on voit les belles ruines du château de Tornac, qui se dessinent à l'horizon. Au bas de ces objets et dans le fond de la gorge, on aperçoit quelques arches du pont d'Anduze et plusieurs maisons. La première fois que je vis ce paysage, il était dépouillé de ses plus vives couleurs : c'était au mois de février et vers le milieu du jour. Quoique le temps fût beau, je ne pus jouir que bien faiblement de ce magnifique point de vue. Ainsi, je ne vis que le site; mais il me donna une idée de ce qu'il pouvait être dans la belle saison au soleil levant. Depuis, je l'ai vu dans toute sa beauté. J'y retourne quelquefois pour le revoir encore, et j'éprouve toujours le même plaisir.

Au Rocan, la scène change. Ce ne sont plus ces belles proportions que nous avons admirées dans les vallons d'Anduze et de Labau ; tout y est petit, mais délicieux. On voit à ses pieds un petit bas-fond arrosé par la rivière : des prairies couvertes de beaux châtaigniers en forment le rivage. Au delà est la montagne de Valauri boisée de chênes-verts, s'étendant vers le Nord ; au bas de la montagne d'où l'on découvre ces objets, se trouve un papeterie. Au-dessous, le Gardon roule ses eaux entre des blocs de granite détachés des deux montagnes qui le resserrent dans cet endroit, et dont l'aspect est noirâtre. Des yeuses et des châtaigniers croissent sur ces roches granitiques. Le bruit de la papeterie et le murmure de la rivière animent beaucoup ce joli tableau.

En suivant la vallée, on ne trouve rien d'aussi frais que le Rocan. Des coteaux cultivés comme ceux d'Anduze, et appuyés sur des montagnes ombragées d'yeuses, occupent la rive gauche du Gardon ; la rive droite est couronnée par une chaîne calcaire très-aride, sur laquelle on voit çà et là des arbres rabougris. Quelques prés embellissent les deux rives. On voit des habitations isolées, des hameaux et deux villages, avant d'arriver à Mialet. Le premier est sur le rive gauche de la rivière ; on l'appelle Luziers : sa situation est assez agréable. L'autre est sur la rive droite et à peu de distance ; il se nomme Paussant. Vis-à-vis et du côté opposé, on rencontre une papeterie plus considérable que celle du Rocan. Un peu plus loin est le bourg de Mialet, qui n'a rien de remarquable dans sa position ; il est à une lieue environ du Rocan. Si l'on a le courage de remonter encore cette vallée, on parvient bientôt aux hameaux des Aigladines : c'est là que la nature est grande et sauvage. Tout ce qu'on aperçoit dans ce site pittoresque, excite à la méditation. Quelques maisons isolées et quelques pieds de terre en culture adoucissent un peu la teinte sombre de ce tableau. Le Gardon, faible encore, y arrose des prairies qu'on distingue à peine, tant est grande l'élévation où se trouve le spectateur. Dans le plus grand éloignement et dans la direction du Nord-Est au Sud-Ouest, là chaîne de l'Aigoual se déploie majestueusement à vos regards étonnés, et termine à l'horizon cette scène imposante.

On entre dans la vallée de Saint-Jean par le col d'Argiliers, en suivant la route de Mende. On tourne alors l'extrémité septentrionale de la Petite-Palière, et l'on voit à ses pieds les moulins des Adams. Ce site, sans être remarquable, n'est pourtant pas sans intérêt; on s'y arrête un instant avec plaisir. Jusqu'à Saint-Jean, la vallée est étroite et tortueuse : elle présente à peu près partout le même aspect. Des prairies sur les bords du Gardon, de beaux châtaigniers, des mûriers, des oliviers chétifs, quelques vignes, des montagnes boisées, des eaux vives qui sourdent de ces montagnes, des maisons rustiques, forment l'ensemble du tableau.

De l'entrée de la vallée à Saint-Jean-du-Gard, il y a une lieue et demie. Après avoir fait le tiers du chemin qui est sur la rive droite de la rivière, on rencontre le pont de Salindres. Là commence la vallée qui conduit à La Salle, et se réunissent la Salindrèse et le Gardon. Une seule maison affaiblit le triste aspect de ce lieu sauvage. Mais, après avoir passé le pont, on découvre bientôt la belle prairie de la Baraque de Leuze (1), dont la riante verdure attire un instant les regards. Au Lauret, la vallée s'élargit un peu et devient plus agréable. On arrive ainsi jusqu'à Saint-Jean, petite ville située dans un vallon, dont l'entrée est embellie par les jolis prés du Péras.

Du pont de Salindres à La Salle, il y a près de deux lieues. La vallée est un peu moins resserrée que celle de Saint-Jean. Après un quart d'heure de marche sur la rive droite de la Salindrèse, on parvient au pont de Toiras, que l'on passe pour aller à La Salle : le chemin est ensuite toujours sur la rive gauche. Avant d'arriver à Maleirargues, la campagne est un peu triste ; les yeuses répandent sur le paysage la teinte sombre de leur verdure. La vallée prend ensuite un aspect à la fois sauvage et riant. En approchant de La Salle, sa couleur devient plus gracieuse ; les châtaigniers remplacent les chênes-verts, les prairies s'éten-

(1) On devrait écrire en français, de l'Yeuse, son nom venant d'un vieux chêne appelé dans le pays *éouze :* c'est de là qu'on a dit *Baraco dé l'Éouze.*

dent davantage, et on arrive enfin à un beau vallon, où est bâtie la petite ville de La Salle.

Voilà un aperçu rapide sur l'aspect des trois vallées que l'on rencontre au Nord d'Anduze, et dont le vallon de Labau est, pour ainsi dire, le réservoir. A l'Est, on trouve une autre vallée assez remarquable; c'est celle d'Alais. Les bords du Gardon dans toute son étendue, présentent les plus beaux arbres de la contrée. Les châtaigniers y sont magnifiques, les peupliers grands et très-beaux; toute la végétation y est forte et riante, même pendant les grandes chaleurs de l'été. Il est impossible de parcourir ces lieux charmans sans les admirer, et de les quitter sans éprouver le désir de les revoir. Au Midi et un peu à l'Ouest est encore une vallée, celle du Vidourle. Elle est à plus de deux lieues et demie d'Anduze, dans sa partie la plus rapprochée, et suit une direction particulière sans jamais se confondre avec la vallée du Gardon. Celle-ci est sèche et stérile. La rivière y roule ses eaux rares sur un terrain calcaire, dont l'aspect grisâtre et rocailleux forme, depuis Saint-Hippolyte jusqu'à Sauve, un grand bassin presque sans arbres, et qui ressemble à une affreuse solitude.

D'Anduze à Alais, il y a plus de deux lieues. On suit presque jusqu'aux portes de cette ville, les collines qui bordent le côté méridional de

Pierremale. L'aspect de la nature est bien différent dans ce trajet, de celui desrives du Gardon. Cependant, la culture est à peu près la même ; il n'y a que les blés qui remplacent les prairies. Alais est dans un très-beau vallon, ouvert du côté du Midi par la belle plaine dont j'ai parlé, et qui est arrosée par le Gardon.

Au Sud-Ouest d'Anduze et à trois lieues de distance, est la jolie petite ville de Saint-Hippolyte. Rien n'est plus triste que le pays qu'on traverse pour y parvenir. Toujours sur la chaîne des montagnes calcaires qui font suite à Saint-Julien, on ne rencontre que des bois d'yeuses de loin en loin, quelques mûriers, le château de Saint-Félix, et à une lieue de Saint-Hippolyte, le petit bourg de Monoblet, où il y a un peu de verdure. Arrivé à la hauteur de Saint-Chaman, on jouit d'une vue imposante. Plusieurs sommets de montagnes arides et très-élevées se présentent aux pieds du voyageur, dans la direction du Nord à l'Ouest. La montagne de Lafage élève sa tête majestueuse et la déploie en forme de chaîne sur une grande étendue. Au bas de ces montagnes, on aperçoit des maisons entourées d'arbres, des ruisseaux bordés de prairies ; l'ensemble est d'un bel effet. Saint-Hippolyte est dans le fond d'une plaine aride, sur la rive droite du Vidourle, aux pieds de deux montagnes calcaires pelées, dont le rapprochement forme une gorge qui ressemble beaucoup à celle d'Anduze, et au-delà de laquelle sont de jolis vallons fort étroits.

Le chemin de Saint-Hippolyte à La Salle est très-agréable, surtout au Pontet : on est presque toujours sur la rive gauche du ruisseau de Valestalières, qui arrose de belles prairies. Ce trajet est d'environ deux lieues. Le vallon est étroit ; mais embelli par de riantes châtaigneraies. De La Salle à Saint-Jean, le chemin est pénible. Il faut gravir, pendant une heure, une montagne très-élevée, avant d'arriver à Sainte-Croix-de-Caderle, petit village situé presque à une égale distance des deux villes. A quelques pas du village, on s'arrête pour contempler le tableau qui se présente tout à coup. Derrière Sainte-Croix, on voit plusieurs montagnes dominées par la Lozère. De l'Est au Sud, on aperçoit une suite immense de mamelons couverts de chênes. Aucune habitation humaine ne tempère le sombre aspect de cette vue. Les montagnes de la Provence, le Mont Ventous, et les neiges éternelles des Alpes, sont les seules choses qui charment les regards dans cette vaste solitude. On s'arrache pourtant avec peine à ce spectacle imposant; mais on en est dédommagé en entrant dans le riant vallon de Caderle. Tout y est d'une fraîcheur séduisante ; c'est un des plus jolis endroits des environs d'Anduze. Bientôt après, on découvre la ville de Saint-Jean-du-Gard, où l'on arrive par un chemin très-rapide.

En sortant du vallon d'Anduze par le Sud-Ouest, on entre dans la belle plaine de Tornac. Là, on trouve trois directions à suivre, la route de Nismes, le chemin de Montpellier et celui de Sauve. En suivant ce dernier, on parvient, après une demi-heure de marche, sur la rive gauche du ruisseau d'Ourne. Si l'on prend la peine de le remonter pendant une heure, on trouvera des sites délicieux. Celui de Fonfrède est le plus joli. Je connais un littérateur estimable, qui, pendant un assez long séjour qu'il fit à Anduze, allait souvent dans ce lieu sauvage. Son goût pour la nature primitive lui faisait trouver dans ce site plein de beautés naturelles, un plaisir qu'il ne goûtait pas ailleurs. Ses idées philosophiques le portaient quelquefois à désirer un hermitage dans cette solitude paisible, et il partit avec l'espérance d'y revenir un jour.

Au lieu de remonter le ruisseau d'Ourne, si l'on avait suivi le chemin de Sauve, on aurait gravi la petite montagne des Roques; et c'est de là, qu'en se tournant vers la plaine, on peut jouir d'un spectacle ravissant. La belle vallée de Beau-Rivage se présente tout entière à vos regards. Vous avez à vos pieds la jolie campagne de Laroque, et les hameaux de la Molière et de Bouzène; à gauche, vous voyez les riants coteaux du Soulier s'étendre jusqu'au Gardon, couronnés par les montagnes d'Anduze et le vieux château de Tornac; au-delà, le joli petit vallon de Gaujac, l'aride chaîne de Pierremale que l'œil suit jusqu'à Alais; à droite, les coteaux de Massillargues; et dans le fond du tableau, la montagne de Bouquet et le Mont Ventous.

En suivant toujours le chemin de Sauve, on traverse un bois de chênes-verts, et l'on parvient bientôt au bourg de Durfort, dont la situation entre deux petits ruisseaux, est assez agréable. Sa végétation est belle et riante; on y voit les plus beaux oliviers de la contrée. De là, à Sauve, il n'y a qu'une lieue. Le terrain en est aride et inculte dans une grande partie de son étendue. Sauve est sur la rive droite du Vidourle, au pied et sur le penchant de l'aride Couta, qui présente dans cette partie un singulier aspect.

Le chemin de Montpellier traverse une partie de la plaine de Tornac, et passe sur la côte de Saint-Roman. Arrivé à cette hauteur, le pays devient aride. On n'aperçoit que des montagnes grisâtres, qui fatiguent la vue et attristent la pensée. Au milieu de cette nature stérile, on découvre pourtant avec quelque plaisir la petite plaine d'Aspères, le bourg de Durfort et les grandes ruines du château de Vibrac. Après avoir passé Ville-Sèque, qu'on pourrait bien mieux appeler Village-Sec, et qui est à deux lieues d'Auduze, on descend dans la plaine de Florian, arrosée par le ruisseau de Crieulon. Cette plaine est sèche et bien différente de celle de Tornac. On y voit des blés, des vignes, des mûriers et des oliviers. Le château de Florian, qui vit naître, à ce que l'on croit, le charmant auteur d'Estelle, est séparé de la route par une longue allée de peupliers. A une demi-lieue, on rencontre le bourg de Quissac, agréablement situé sur le Vidourle.

La plaine de Tornac fait partie de cette vallée de Beau-Rivage, où Florian a placé la scène de son roman pastoral. En parcourant les lieux charmans qu'il a décrits d'une manière si agréable, on ne trouve plus autant de fleurs que dans son style. Les vertes prairies de Massanes ne sont plus embellies par des bergers aussi aimables que Némorin, ni par des bergères aussi tendres et aussi douces qu'Estelle. Les lieux même ont éprouvé les ravages du temps. La belle prairie de Cardet n'est plus ce qu'elle était jadis; le Gardon en a emporté plus de la moitié. Toutefois, malgré ces changemens, malgré la différence défavorable qu'il y a entre ces lieux et leur description, on peut encore les voir avec plaisir. Ils n'ont pas la majesté des bords de la Loire, la grâce des rives de la Saône, près de Lyon, la beauté des bords du Rhône et de la Durance dans le Comtat, ni la fraîcheur des rives de la Sorgue; mais ils ont assez de charmes pour attirer les voyageurs qui recherchent les beaux sites.

La route de Nismes traverse la plaine de Tornac, dans la direction du Nord-Ouest au Sud-Ouest, qui est celle que prend le Gardon en sortant du vallon d'Anduze. La distance qu'on parcourt dans ce trajet, est d'une lieue. A son extrémité, et là où commence la plaine de Cardet, on trouve le bourg de Lèzan. Cette grande plaine de Tornac est magnifique. Couverte de châtaigniers et de mûriers, elle a de beaux champs de blé, des oliviers et quelques vieux chênes. Les vastes prairies de Lascours, ornées de superbes peupliers, celles d'Atuechs, moins considérables, mais aussi riantes, donnent à ces rivages heureux un aspect enchanteur.

En sortant de Lèzan, la route monte sur une colline et la suit jusqu'au bourg de Lédiguan, qui est à deux lieues et demie d'Anduze. Cette colline, sèche et stérile, sépare l'aride plaine de Florian, de la charmante vallée de Beau-Rivage. Le voyageur, promenant ses regards autour de lui, voit avec surprise deux végétations bien différentes, séparées par une seule colline.

Je viens de parcourir rapidement une intéressante contrée, au milieu de laquelle se trouve placée la ville d'Anduze. J'en ai décrit l'aspect dans toutes les directions qui pouvaient offrir de l'intérêt, et je n'ai jamais porté mes regards au-delà des villes et des villages situés à plus de trois lieues. J'ai pensé que c'était là, le rayon des environs d'Anduze. Je ne me flatte pas d'avoir fait connaître tous les divers aspects que présente cette jolie contrée. Ce travail eût été immense : on serait arrêté à chaque pas, si on voulait donner son attention à tout ce qui mérite, sous ce rapport, de fixer les regards des amis de la nature. J'ai noté de riants paysages, d'heureux sites, pour engager les voyageurs à visiter nos montagnes. Les Cévennes n'offrent pas, il est vrai, de ces grands spectacles de la nature qui frappent d'étonnement au sein des Pyrénées et des Alpes ; leur aspect est plus simple. Quelquefois cependant on peut y voir des scènes imposantes. Pour en prendre une idée, écoutons M. Daubuisson de Voisins. « En parcourant les hautes Cévennes, et en y passant alternativement du calcaire sur le granite, j'étais frappé de la différence d'aspect qu'offraient ces deux sortes de montagnes. Les premières présentaient des cimes plates de grande étendue, des vallées éloignées, et en général peu profondes ; dans les autres, c'était, presque à chaque pas, des gorges enfoncées, ou des coupures à pic séparées par des murs escarpés. Étant sur la cime du mont Mezen, et portant mes regards sur le terrain granitique des Bouttières, je voyais, les uns derrière les autres, plusieurs de ces immenses pans de murailles ; semblables à d'énormes boulevards, ils comprenaient entre eux d'horribles précipices plutôt que des vallées ; leurs crêtes hérissées de pics décharnés et de rochers sourcilleux, offraient à l'esprit l'image d'un monde tombant en ruines et périssant de vétusté (1). »

Des aspects bien différens se présentent dans ces petites montagnes. Il en est qui inspirent des idées plus agréables, et qui éloignent de la pensée les effets destructeurs du temps. J'en citerais plusieurs, si leur éloignement d'Anduze ne les rendait, pour ainsi dire, étrangers à cet ouvrage ; mais je dois me renfermer dans mes limites et laisser à d'autres le soin de décrire ces beautés. Je ne puis toutefois résister au plaisir de parler du Vigan et de ses environs. Dans cette riante contrée, l'abondance des eaux, l'élévation du sol, donnent à toute la végétation

(1) Traité de Géognosie, tom. II, pag. 53 et 54.

une fraîcheur charmante. Des montagnes très-rapprochées s'élèvent rapidement à d'assez grandes hauteurs, offrant partout l'empreinte de la main de l'homme et la richesse de la nature. On se croit toujours au milieu d'un beau jardin; les regards portés sur tout ce qui vous environne, n'aperçoivent qu'une douce verdure. Après le pont d'Avèze, la campagne présente un de ces délicieux aspects, qui font éprouver aux cœurs sensibles de tendres émotions. A Aulas, tout est encore plus frais. Je remontai le ruisseau, ou pour mieux dire, le torrent, jusqu'au delà du Fesq : je marchais toujours sous de grands châtaigniers qui couvraient de leur ombre majestueuse les plus vertes prairies que j'eusse jamais vues. Cette gracieuse contrée n'offre cependant que des vallons étroits et sans contrastes. Les environs d'Anduze sont beaucoup moins frais, mais plus grands, plus pittoresques. Je crois que, sous ce dernier rapport, ils peuvent piquer un peu mieux la curiosité des voyageurs.

CHAPITRE SECOND.

Du Climat.

Ce que je vais dire dans ce chapitre, concerne la ville d'Anduze. Les résultats de mes observations pourront bien s'appliquer également à quelques habitations voisines; mais ils ne donneront pas une idée suffisante du climat des environs. Les villes, les villages, les hameaux, offrent à chaque pas dans les pays montagneux, des expositions différentes, qui modifient le climat. Ainsi, le vallon de Labau, qui touche celui d'Anduze, est beaucoup plus frais, parce qu'il est ouvert du côté du Nord, tandis que l'autre ne l'est guère qu'au Sud-Est.

Pour déterminer, d'une manière précise, le climat d'une ville, il faudrait sans doute des observations faites sur les lieux depuis un certain nombre d'années; il faudrait, en outre, que ces observations fussent le résultat d'un travail assidu dans la connaissance de tous les phénomènes atmosphériques; genre de recherches un peu trop pénible et bien fatigant. Quant à moi, je ne l'ai pas suivi, soit que je ne fusse pas toujours à Anduze aux heures convenables pour observer, soit que je fusse absent pour quelques jours. J'ai noté pendant six années consécutives tout ce qui m'a paru digne d'intérêt, et même des détails qui pourront devenir utiles par la suite. Maintenant je ne donne que ce qui est absolument nécessaire dans cette Notice.

On sait que la latitude, l'élévation du sol, son exposition et même sa longitude (1), déterminent à peu près la nature d'un climat. Celui d'Anduze est singulièrement modifié par des circonstances locales, dont il nous est impossible de faire connaître avec précision le degré d'influence. Les causes générales sont connues et déterminées depuis long-temps; mais ce qui tient aux localités, exige de longues observations, et elles n'ont jamais été faites dans ce pays. L'aperçu que je vais donner, peut intéresser jusqu'au moment où l'on fera connaître quelque chose de plus étendu et de plus certain.

Nous allons parler d'abord des phénomènes qui constituent ce qu'on appelle les *saisons*

(1) La température moyenne dans l'hémisphère boréal paraît s'abaisser à mesure qu'on s'avance vers l'Orient, quoiqu'on ne change pas de latitude, ni d'élévation au-dessus du niveau des mers.

célestes, et qui sont dus à la position géographique du globe par la chaleur exclusive du soleil, quoique ces phénomènes soient modifiés par ce qu'on nomme *saisons physiques*, qui tiennent seulement à la température de l'atmosphère. Mais ces causes se modifient réciproquement, de manière qu'on ne peut pas apprécier un phénomène d'après une seule de ces causes. La distinction que l'on a voulu faire, n'est donc pas aussi heureuse qu'il le paraît au premier coup-d'œil.

Observations barométriques. — Je voudrais pouvoir donner au lecteur des observations faites avec soin, pour qu'il fût possible de connaître, d'une manière précise, le terme moyen de l'élévation du baromètre à Anduze. On sait qu'au niveau des mers, cette élévation est de 28 pouces (environ 76 cent.^{s}), selon quelques physiciens (1), et de 28 pouces 2 lignes et 2/10 (0^{m} 7629), d'après les mesures les plus récentes et les plus exactes (2) ; elle diminue d'une ligne par 12 toises et demie de hauteur verticale, ce qui donne 108 décimètres d'élévation par chaque millimètre dont le mer-

(1) A Brest, Haüy, Traité élém. de Phys., tom. I, pag. 309.

(2) Biot, Précis élém. de Phys. expér., tom. I, pag. 171.

cure s'abaisse. Ainsi, pour la ville d'Anduze, qui est située à 60 toises au-dessus du niveau de la mer (1), le terme moyen serait 27 pouces et environ 8 lignes, celui que je puis fournir est de 27 pouces 6 lignes; mais ce n'est qu'une approximation qui provient d'observations irrégulières et dont on ne peut rien conclure de certain, pas plus que de la mesure barométrique de M. d'Hombres-Firmas qui n'est le résultat que d'une seule observation. On voit que tout ce que je dis sur cette circonstance du climat d'Anduze, offre très-peu d'intérêt. La plus grande élévation du baromètre a été observée ici de 28 pouces 1 ligne, et le plus grand abaissement de 26 pouces 9 lignes. Il doit y avoir encore quelque erreur dans ces observations, puisque, à Montpellier, dont la hauteur au-dessus de la mer est d'environ 26 toises seulement (2), le mercure est descendu à 26 pouces 10 lignes et $^{5}/_{10}$, le 24 décembre 1821. La

---

(1) C'est à peu près 60 toises. M. d'Hombres-Firmas, qui a mesuré cette hauteur au baromètre, a trouvé 126 mèt.' 38 cent.' (65 toises environ) sur le quai, et 116 mèt.' 63 cent.' (environ 60 toises), pour le niveau du Gardon au-dessous du quai. La partie basse de la ville serait, d'après ses observations, à 60 toises; la partie la plus élevée à 70 au moins.

(2) 51^{m} 27, hauteur du seuil de la porte du Peyrou, d'après un nivellement récemment exécuté. Quant

différence entre les deux abaissemens n'est donc que de 7/10 de ligne, tandis qu'elle est de 6 lignes et quelques dixièmes entre les termes moyens. Anduze, d'après cette dernière élévation du baromètre, serait à 100 toises au-dessus de la Méditerranée, au lieu de 65.

Observations thermométriques. — Nous serons un peu plus heureux, pour ce qui tient à la température. Je vais rapporter ce que j'ai observé moi-même avec beaucoup d'attention. La température moyenne de l'année calculée sur deux ans, est ici de 11 degrés du thermomètre de Réaumur (13° 75 therm. centig.) ; à Montpellier, elle est de 15° 2 therm. centig., ce qui fait un peu plus de 12 degrés de Réaumur. Montpellier se trouvant au 43° 36' de latitude, à peu près à 26 toises (51m 27) au-dessus du niveau de la mer, et Anduze au 44° 3' de latitude et à 65 toises au-dessus du même niveau, il devrait y avoir entre la température moyenne de ces deux villes, une différence de 0° 73 (1),

---

aux observations que j'ai citées sur Anduze, elles sont, je le répète, fort irrégulières, et pour ainsi dire, de souvenir. Je les dois à M. Dufour, prêtre respectable, versé dans les sciences mathématiques, et qui mieux que tout autre, dans ce pays, aurait pu faire des observations météréologiques exactes.

(1) Ce calcul est le produit d'observations faites par

*

tandis qu'elle est de 1° 45, c'est-à-dire, une fois plus considérable (1). La longitude n'est pour rien dans cette différence, puisqu'elle est à peu près la même pour Montpellier et pour Anduze (1° 32' E et 1° 37 E du méridien de Paris). Au niveau des mers la température moyenne est de 12° centig. (plus de 9° et demi Réaum.), entre le 45° et le 47° de latitude septentrionale. Il doit être

---

d'habiles physiciens sur la température de la terre et sur celle de l'atmosphère, desquelles il résulte que, du 30° au 60° de latitude, la variation en température d'un lieu à un autre, par le seul effet de la latitude, et abstraction faite de toute autre circonstance locale, est de près d'un demi-degré centig. par chaque degré de latitude, et que le décroissement de la chaleur dans l'atmosphère est d'environ 1 degré du même thermomètre par 160 mètres d'élévation. Une élévation de 100 mètres équivaut à peu près à une augmentation en latitude d'un degré, sous le rapport de la diminution de la température. Du reste, tous les physiciens ne sont pas d'accord à ce sujet. M. Gay-Lussac a trouvé, dans un de ses voyages aérostatiques, que la diminution de la température, quand on s'élève dans l'air libre, est de 1° centig. par 187 mètres.

(1) Cette différence n'est peut-être que l'effet naturel de la véritable hauteur d'Anduze au-dessus de la mer. Elle s'accorde assez bien avec le terme moyen du baromètre observé par l'abbé Dufour, et non avec la mesure prise par M. d'Hombres-Firmas.

de 10° Réaumur, entre Montpellier et Anduze, toujours au même niveau. A Montpellier, elle a pourtant été observée de plus de 12° Réaum. (13° 2 centig.), quoique la ville soit à 26 toises au-dessus de la mer. A Anduze, j'ai trouvé 11° Réaum., et son élévation est de 60 toises. Ces notions prouvent combien la température d'un point quelconque de la surface de la terre tient à des circonstances locales, et combien il serait avantageux d'avoir des observations journalières long-temps continuées.

La température moyenne de l'hiver est ici de + 5° Réaum. (6° 2 centig.); elle est à Montpellier de + 6° 7 centig. (environ 5° 1/5 Réaum.); la différence n'est donc que d'un demi-degré centigrade, à peu près un tiers Réaum. Celle de l'été n'est pas aussi faible : pour Montpellier, la température moyenne est de 24° 3 centig. (19° et plus de 1/3 Réaum.); et pour Anduze, elle est de 17° Réaum. (21° 2 centig.). Il y a donc une différence de 3° 1 centig. (2°, et plus de 1/3 Réaum.). Si l'on pouvait tirer une conclusion de ce rapprochement, je dirais que l'hiver d'Anduze est un peu plus froid que celui de Montpellier ; mais que son été est bien moins chaud que celui de cette dernière ville. Ce résultat de mes observations demande encore bien du temps pour être regardé comme certain.

Ajoutons encore quelques réflexions. Dans

l'espace de six années, depuis la fin de 1816 jusqu'à celle de 1822, le plus grand froid a été de 10° de Réaum.; ce qui, du reste, n'est arrivé qu'à une seule époque (11 et 12 janvier 1820, au lever du soleil) (1). Les autres grands froids n'ont été que de 5° à 6° : ils sont ordinairement de 4° à 5°, et à Montpellier, de 3° à 4°. Je n'ai jamais vu la gelée durer plus de huit à dix jours, et il n'est pas rare de voir le thermomètre de Réaum. à 12° de chaleur, pendant le mois de décembre, et à 10° et 11° en janvier et février : à Montpellier, il s'élève à 12° et quelquefois à 13°. Ici, la plus grande chaleur a été de 29° (année 1822, les 23 et 24 juin, à 3 heures du soir); mais c'est une chose rare dans ce pays. En 1818, elle fut de 28° (le 14 juillet); et en 1821, de 27° (le 4 août): les autres années, elle ne s'est pas élevée au-dessus de 25°. Voilà tout ce que je puis dire en ce moment sur la température d'Anduze. J'espère donner un jour, des connaissances plus positives.

Bien des causes modifient la température qui

(1) Ce froid rigoureux se fit sentir dans toute l'Europe. C'est un de ces événemens extraordinaires qui restent long-temps dans la mémoire des hommes, et qui n'arrivent qu'à de grands intervalles. Celui-ci fit périr les plus beaux oliviers de la Provence et une partie de ceux du Languedoc. A Anduze, on en perdit fort peu. Les mûriers, qui paraissaient avoir souffert,

résulte de la latitude et de l'élévation du sol. A Anduze, il en est qui la diminuent, d'autres qui l'augmentent. Le Gardon offre ces deux effets à la fois ; ses eaux affaiblissent la chaleur de l'atmosphère, et son gravier blanchâtre, par la réfraction des rayons solaires, tend sans cesse à la rendre plus forte. L'abondance des sources, la prodigieuse quantité d'arbres et de prairies qui couvrent le vallon, rafraîchissent l'air : Saint-Julien et Pierremale dont la roche nue est d'un blanc-grisâtre, donnent lieu à une réverbération qui l'échauffe beaucoup. La position de la ville au pied de cette chaîne aride, qui la garantit des vents du Nord, contribue également à augmenter sa température.

État du Ciel. — Le climat de Montpellier me servira toujours de terme de comparaison, parce qu'il est bien connu, et que d'ailleurs, il est celui d'une ville très-peu éloignée d'Anduze. Il s'en faut peu que le nombre des jours sereins ne soit ici, comme à Montpellier, une fois plus considérable que celui des jours couverts (1); mais ces nombres ne sont pas les

---

donnèrent cette année-là une superbe récolte. A Montpellier, le thermomètre de Réaumur descendit à 9°, 2.

(1) J'observe que j'entends par *jour couvert*, celui pendant lequel le soleil ne luit pas un seul instant ; le *jour serein* est, au contraire, celui pendant lequel

mêmes. A Montpellier, celui des jours sereins est, année commune, de 123; ici, de 80 : celui des jours couverts s'élève à 62 ; ici à 48 seulement. On voit par là, que les jours nuageux sont plus nombreux à Anduze, et qu'il y en a 237; tandis qu'à Montpellier, on n'en compte que 185. On conçoit aisément cette différence. Un pays montagneux est plus nuageux qu'un pays plat. Celui-ci, surtout quand il est plus près de la mer, doit également avoir plus de jours couverts; et c'est ce qui arrive, puisqu'il y en a 12 de plus à Montpellier.

Des Météores. — Il semble naturel de parler d'abord des météores ignés, comme appartenant aux saisons célestes. Néanmoins, je commencerai par les météores aqueux, parce qu'ils sont plus communs, et qu'ils ont une bien plus grande influence sur le climat. Ainsi, je m'occuperai successivement de la pluie, des brouillards, de la neige, des gelées blanches et de la rosée. Je parlerai ensuite de la grêle, qui forme comme le passage des météores aqueux aux météores ignés ; je terminerai par quelques mots sur la foudre, phénomène qui

---

il luit constamment sans être obscurci par un seul nuage. Les *jours nuageux* sont ceux où le soleil est tantôt voilé, tantôt brillant ou pâle : un seul nuage, un seul rayon donnent cette dénomination à une journée.

accompagne presque toujours les orages, et le seul des météores ignés qui soit de quelque importance pour déterminer la nature d'un climat.

Le nombre des jours pluvieux est ici de 89; à Montpellier, il n'est que de 77 (1). Il m'est impossible d'indiquer la quantité d'eau qui tombe annuellement à Anduze; celle de Montpellier est de 28 pouces 3 lignes (765 millim. environ). On croit en général dans ce pays-ci, qu'il est des années où il ne pleut pas du tout pendant deux ou trois mois de suite; erreur qu'on aura de la peine à détruire, parce qu'elle est l'effet d'une espèce d'habitude (2). Je suis convaincu qu'il est fort rare qu'il se passe une quarantaine de jours sans pluie. Pendant mes six années d'observations, ce fait n'est arrivé qu'une seule fois (depuis le 25 mai jusqu'au 7 juillet 1822). Le mois de juin est le seul qui n'ait pas donné une seule goutte de pluie. Quelquefois il s'est écoulé une trentaine de jours sans qu'il ait plu, mais c'est encore rare. Je ne crois

(1) Les observations de M. Poitevin donnent 82; celles de M. Méjan, 33 : j'ai pris un terme moyen.

(2) A Montpellier où il pleut moins souvent qu'à Anduze, il est rare de voir deux mois consécutifs sans pluie. On ne l'a observé qu'une fois dans l'espace de douze ans (depuis l'an 3 jusqu'en l'an 14); ce fut aux mois de messidor et de thermidor de l'an 7.

pas inutile de dire que, dans le cours de l'année 1822, remarquable par sa sécheresse et sa chaleur, il n'a pas plu depuis le 7 mars jusqu'au 10 avril, chose étonnante dans nos climats. Nous n'avions pas eu de la pluie, du 4 janvier au 5 février.

Les brouillards ne sont pas rares à Anduze; ils règnent annuellement, depuis le mois d'octobre jusqu'au mois de mai. Il en paraît quelquefois dès la fin de septembre; mais ce n'est guère que vers la mi-octobre qu'ils s'établissent d'une manière prononcée. Ils sont fort petits, et s'étendent sur la partie basse de la ville, depuis le faubourg des Casernes, jusqu'au vallon de Labau, en suivant le cours du Gardon. Ils disparaissent en janvier, ou du moins, deviennent rares alors; en février, ils se montrent de nouveau, pour disparaître tout-à-fait au mois de mai. Je n'en ai jamais vu pendant le mois de juin; en juillet et août, ils se montrent rarement. Parmi ces brouillards, qui paraissent assez régulièrement le soir et le matin, il en est plusieurs qui sont épais et d'une grande étendue; leur nombre s'élève à peu près à 18 pour chaque année. Ceux-ci se forment le plus souvent avant le lever du soleil, et se dissipent vers les 9 heures du matin. On les observe d'ordinaire en novembre et en mars. Ceux du printemps font beaucoup de mal, lorsqu'ils viennent pendant les mois d'avril et de mai. Les arbres fruitiers, les mûriers surtout, donnent alors des récoltes moins abondantes.

Il n'y a aucun rapprochement à faire entre Montpellier et Anduze, quant aux brouillards. Dans la première de ces deux villes, on n'en voit presque jamais qui la couvrent tout entière : leur nombre est de 13, année commune; ils sont toujours faibles, et ne s'étendent guère qu'aux parties basses de la ville.

La neige ne couvre peut-être pas plus souvent le sol d'Anduze que celui de Montpellier. Dans six ans, je n'en ai vu tomber qu'à trois époques différentes, en 1817, 1819 et 1822. Les deux premières fois, la neige resta deux ou trois jours sur la terre ; mais en 1822, elle disparaissait en tombant.

Les gelées blanches sont bien plus rares encore à Montpellier, que les brouillards. On compte même autant d'années pendant lesquelles ce météore ne paraît pas du tout, que de celles où il paraît quelquefois. Du reste, on n'a observé dans l'espace de douze ans, que 37 gelées blanches. Leur nombre est ici de près du double pour chaque année, puisque le terme moyen en est 60; différence énorme, qui fait voir combien le climat d'Anduze est froid et humide par comparaison avec celui de Montpellier.

La rosée est, pour ainsi dire, l'attribut des

climats chauds, comme la gelée blanche celui des climats froids. Elle se dépose parfois en grande quantité pendant les nuits calmes et sereines du printemps, de l'été et de l'automne. Je n'ai aucune approximation à donner à cet égard. On conçoit aisément que la rosée doit être moins abondante ici qu'à Montpellier, par cela même que le nombre des jours sereins est moins considérable, et que d'ailleurs les causes qui font passer la rosée à l'état de gelée blanche, exercent à Montpellier une très-faible influence, et à Anduze une très-grande.

Il tombe très-rarement de la grêle dans le vallon d'Anduze. La foudre même qui se fait entendre assez souvent, n'y éclate presque jamais. On dirait que la nature se plaît depuis quelque temps à le préserver de ce désastreux météore. Les orages grondent sur nos têtes, passent rapidement, et vont désoler les villes et les campagnes voisines. Ceci est tellement vrai, que j'entends dire tous les ans qu'une partie de la contrée a beaucoup souffert de la grêle, et je n'ai rien vu de semblable arriver à Anduze. Le fait existe : je n'en rechercherai pas les causes ; de pareilles considérations m'éloigneraient de mon sujet et du plan que je me suis tracé.

Il se passe des années entières, tout comme à Montpellier, sans qu'on voie de la grêle : deux fois par an est le terme moyen. Le tonnerre se fait plus souvent entendre à Montpellier, et les orages y sont un peu plus nombreux. On en éprouve environ 17 annuellement, et ici, 12.

Des Vents. — L'existence des vents a une si grande analogie avec celle des météores, que l'on a cru nécessaire de réunir leur étude pour en former une seule branche des connaissances humaines. Il est donc tout naturel de parler de ces agitations de l'atmosphère, après avoir jeté un coup-d'œil sur les corps qui s'y trouvent suspendus et en mouvement.

Je voudrais pouvoir donner un tableau exact des vents qui soufflent à Anduze. Ce serait peut-être le résultat le plus important de mes observations sur le climat de cette ville. J'ai fait, à cet égard, tout ce qui a dépendu de moi, et je suis bien loin d'avoir acquis des connaissances utiles. Les vents suivent une infinité de directions différentes. Il en est trente-deux, qu'on observe très-bien sur mer et même dans les plaines; mais ici, où nous sommes entourés de montagnes, il s'en faut bien que nous puissions déterminer toutes ces directions. Souvent même, nous ne pouvons pas distinguer les vents principaux. Les montagnes changent sans cesse l'apparence de leurs directions, et trompent ainsi l'observateur.

Les vents qui se font sentir à Anduze, sont ces vents irréguliers qui soufflent de différens côtés dans beaucoup de pays, sans avoir aucune époque fixe d'apparition, ni aucune durée déterminée. On les divise en vents du *Nord* et vents du *Sud :* les premiers sont ordinairement secs et froids; les autres humides et chauds, et règnent moins souvent. Les vents du Nord donnent naissance aux beaux jours; ceux du Midi (1) aux jours pluvieux. Sous l'influence des uns et des autres, on peut aussi avoir du beau temps et du mauvais.

Le peuple distingue ici dix à douze vents, qu'il désigne par des noms en général peu connus. Ces vents échappent à l'observation : il n'est pas rare d'entendre dire à quelques personnes que c'est un vent du Nord qui souffle, lorsque c'est au contraire un vent du Sud.

1. Le Nord porte ici le nom de *Bîzo*. Il souffle plus souvent en hiver et en été, que dans les autres saisons, et il nous vient des montagnes du Bourbonnais et de la Lozère, quelquefois couvertes de neige, ce qui le rend très-froid. Il règne environ 50 jours par an. Ce vent porte à Montpellier, le nom de *Trémountâna*, et celui de *Bîza*, quand il fait froid.

2. Le Nord-Nord-Ouest, appelé *Aouro-négro* ou *Vén-dré*, est également froid. Il vient des

---

(1) Cette expression n'est pas exacte, par opposition au mot *Nord;* mais l'usage l'ayant consacrée, j'ai cru devoir m'en servir comme synonyme de *Sud*.

montagnes de l'Auvergne et se fait moins sentir.

3. Le Nord-Ouest règne plus communément que les autres : on le nomme *Roudergo* (Rouergue) , parce qu'il souffle des montagnes de cette province. Ce vent est frais; sous son empire, le temps est presque toujours beau. Les Montpellierais le nomment *Magistrâou* , comme pour exprimer le maître des vents.

4. L'Ouest et l'Ouest-Nord-Ouest sont confondus sous le nom de *Roudergo-Basso*, ou *Tràverso* : ce dernier nom est également donné au Nord-Ouest. Je remarquerai ici qu'on appelle *Aouro-rousso*, un vent très-chaud et qui souffle assez fortement en automne et au printemps. Les uns croient que c'est le vent d'Est ou d'Est-Sud-Est ; les autres , le vent de Sud-Ouest : il en est qui pensent que ce vent souffle d'un point entre le Nord et l'Ouest. Il est très-connu à Anduze ; mais on voit qu'on ignore d'où il vient.

5. L'Ouest-Sud-Ouest, désigné sous le nom de *Narbounés* ou *Arbounès*(Narbonnais), souffle très-souvent.

6. Le Sud-Ouest et le Sud-Sud-Ouest sont ordinairement confondus avec le Sud , sous le nom de *Marin*. On les distingue néanmoins en été. L'un d'eux , appelé *Garbin* , souffle pendant quelques heures de l'après-midi , et tempère les fortes chaleurs.

7. Le Sud-Est et ses collatéraux sont connus sous le nom de *Marin de Béoucâyre*, ou *Marin blan*. Ceux-ci ne donnent pas la pluie aussi souvent que le Sud, qui, du reste, est quelquefois d'une violence à renverser les arbres.

8. L'Est n'a pas de nom que je connaisse.

9. Le Nord-Est est nommé *Ayguïâlas*, parce qu'il amène presque toujours la pluie. Il est connu à Montpellier sous le nom de *Grec*.

Je n'en dirai pas davantage sur les vents. A certaines époques on observe des agitations, qui se font sentir, au moins, dans tout le Languedoc et dans la Provence. Elles reviennent même d'une manière assez régulière vers l'équinoxe du printemps. Il est inutile d'entrer dans des détails à cet égard ; on a, dans quelques ouvrages, des observations très-bien faites sur ce sujet.

CHAPITRE TROISIÈME.

Histoire d'Anduze.

Introduction. — Il est plus difficile, qu'on ne le pense en général, d'écrire l'histoire d'une petite ville. Les grands événemens qui donnent de l'intérêt à une narration, sont rares dans de pareils ouvrages. Ce n'est que de loin à loin qu'on trouve l'occasion de citer des actions utiles, des traits honorables. Les noms célèbres, les grandes découvertes, les inventions dues au hasard ou au génie, viennent en foule embellir l'histoire des Nations : l'écrivain qui s'occupe de nous les retracer, y puise l'enthousiasme qui communique à son style ce mouvement, cette chaleur d'intérêt, qui attachent sans cesse le lecteur et deviennent pour lui une source d'instruction et de plaisir. Ici, on ne trouvera rien qui produise cet effet. Jusqu'au IXe siècle, nous n'aurons que des conjectures à donner sur la ville d'Anduze ; et depuis cette époque, jusqu'à celle qui vit naître la Réformation, à peine trouverons-nous quelques faits intéressans. Long-temps gouvernée par des Seigneurs, cette ville ne nous offrira, dans une grande partie de son histoire, que celle de ces hommes qui ne surent presque rien faire pour son illustration. Nous passerons aussi légèrement qu'il nous sera possible, sur les circonstances de leur vie ; nous ne nous arrêterons qu'à celles qui peuvent présenter quelque intérêt ; et cette occasion nous sera rarement offerte. Nous parviendrons ainsi jusqu'au XVI.[e] siècle, peu satisfait de nos recherches, encore moins du tableau qui en est le résultat.

Mais, à cette dernière époque, l'histoire d'Anduze prend une certaine importance, parce qu'elle se rattache à de grands événemens. Dès 1620, et pendant plusieurs années, Anduze devient un centre d'opérations militaires qui attirent les regards de toute l'Europe. Au commencement du XVIII.[e] siècle, cette ville est encore le théâtre d'événemens bien remarquables. Ce fut dans ses environs que naquirent les principaux chefs des Camisards, et que se formèrent ces bandes redoutables qui montrèrent autant de férocité que de courage. Leur histoire est un exemple terrible de ce que peut le malheur, lorsqu'il n'écoute que le cri de la vengeance et du désespoir. Que cette leçon soit utile à tous les gouvernemens ; qu'elle aille jusqu'à la dernière postérité, montrer les funestes effets de l'intolérance et du fanatisme.

Après la guerre des Camisards, les Cévennes jouirent de quelque tranquillité : Anduze et ses environs ne furent plus le théâtre des malheurs publics. L'humanité respira dans ces montagnes. Les habitans se livrèrent plus plaisiblement à leurs travaux champêtres, et parvinrent ainsi jusqu'à la révolution sans secousses, mais non sans crainte. Ils ont passé dans une grande agitation, les momens orageux de cette époque. Ce qui honore la ville d'Anduze, c'est que le sang ne coula jamais dans ses rues, et qu'à une époque plus récente et bien triste pour le département du Gard, elle donna l'exemple de la modération et de la fermeté; vertus toujours utiles lorsqu'elles se trouvent réunies, et qui, dans les circonstances dont je fais mention, contribuèrent à empêcher le développement des guerres civiles dont les anciens germes existent encore.

Je diviserai cette histoire en quatre sections. La première embrassera ce qui est antérieur au IX.e siècle; ce sera l'époque des conjectures. La seconde comprendra tout ce que nous avons pu recueillir depuis 810 jusqu'en 1226, c'est-à-dire, pendant un espace de plus de quatre cents ans; cette époque sera surtout celle des Seigneurs, ou pour mieux dire l'histoire de la maison Bernard. La troisième commence à 1226 et finit en 1822; elle comprend donc environ six siècles: celle-ci est la plus intéressante; nous aurons des événemens à citer, et il ne sera pas toujours question, comme dans les deux premières, de conjectures et de Seigneurs. La quatrième et dernière section sera consacrée à la connaissance de l'état actuel de la ville d'Anduze.

PREMIÈRE SECTION.

Des temps antérieurs au IX.e siècle.

Origine d'Anduze. — L'origine de cette ville se perd, comme celle de tant d'autres, dans la nuit des temps. C'est en vain que l'on cherche dans les annales des siècles, des monumens pour en fixer l'époque ; tout est obscur à cet égard. Parmi les conjectures sur sa haute antiquité, on cite l'analogie de son nom avec celui d'*Andosia*, ville d'Asie, et l'une de celles qui faisaient partie de l'empire des Tectosages, peuple sorti du Midi des Gaules, environ 300 ans avant l'ère chrétienne, et qui, sous le commandement d'un Brennus, alla fonder la Galatie. L'histoire rapporte que ce peuple transporta en Orient sa langue et ses mœurs ; qu'il donna à ses nouvelles villes les noms de celles qu'il venait de quitter. Il est donc possible que la ville d'Anduze existât à cette époque, et qu'une partie de ses habitans eût marché sous les ordres de Brennus.

Les étymologies des noms provenant des langues anciennes, ne prouvent pas l'antiquité des habitations qu'ils désignent. Je ne dirai pas, avec M. Paulet, que la ville d'Anduze est d'origine gauloise ou grecque, parce que son nom paraît venir de deux mots Celtes *an* et *dus* qui signifient *en deux*, ou de deux mots Grecs αν et δυο dont la signification est à peu près la même (1). Je ne dirai pas non plus que la langue vulgaire des habitans, remplie de mots celtes, grecs et latins, prouve que ce pays était peuplé aux temps de ces Nations; on peut trouver ailleurs des preuves, ou du moins des conjectures, qui aient quelque autorité. L'étymologie d'Anduze est assez heureuse; car, elle exprime la situation de cette ville entre deux montagnes, qui paraissent avoir été séparées par l'action des eaux.

Tout ce qui est antérieur à l'invasion des Gaules par les Romains, ne fournit que des conjectures sur l'antiquité de la ville d'Anduze. Mais, à cette dernière et mémorable époque, les vainqueurs consacrèrent dans leur langue le nom des villes qu'ils avaient vaincues. Sous leur pouvoir, quelques-unes devinrent considérables; et l'on sait quelle fut la splendeur

(1) M. Paulet attachait quelque importance à l'étymologie des mots *languedociens*. Il a fait à cet égard des recherches assez intéressantes, qu'on peut lire dans son Histoire manuscrite de la ville d'Anduze.

de Nismes et d'Arles, dans les beaux jours de l'empire romain. On croit généralement que Anduze existait alors. Un monument trouvé en 1747, dans un champ situé près de la Fontaine de Nismes, sur le chemin de Sauve, vient à l'appui de cette opinion (1). Onze villes y sont citées, et Anduze y figure en première ligne. Plusieurs de ces villes n'existent plus et n'ont laissé aucune trace de leur existence, ce qui fait rapporter cette inscription à une époque très-reculée.

Si, à cette preuve authentique, on ajoutait une conjecture tirée de la position des lieux,

---

(1) Ce monument est un piédestal de marbre blanc, à quatre faces, ayant 9 pouces de hauteur, sur 5 de large. Sur l'une des faces est gravée l'inscription suivante, en caractères très-beaux et tels qu'ils étaient en usage dans le siècle d'Auguste :

ANDVSIA
BRVGETIA
TEDVSIA
VATRVTE
VGERNI
SEXTANT
BRIGINN
STATVMAE
VIRINN
VCETIAE
SEGVSTON

Voyez, pour l'explication de ce monument, l'Histoire de Nismes par Ménard, et le manuscrit de M. Paulet.

on serait à peu près sûr, du moins autant qu'on peut l'être, qu'une ville bâtie sur le penchant et au pied d'une montagne, à l'entrée d'une gorge naturellement bien fortifiée et l'une des plus remarquables de celles qui servent de passage pour pénétrer dans les Cévennes, située d'ailleurs sous un beau ciel entre deux jolis vallons, possédant d'abondantes sources, et arrosés par une rivière au milieu d'une belle contrée, peuplée bien avant la fondation de Rome; on serait sûr qu'une telle ville est d'une origine qui remonte à une haute antiquité.

Elle n'était pas considérable sous les Romains. – Voilà ce qu'on peut dire de plus certain sur la ville d'Anduze, considérée aux époques antérieures à l'établissement du christianisme dans les Gaules. La tradition qui, selon quelques personnes instruites, apprend que Anduze occupait un rang distingué après Nismes et Vindomagus, dans le pays des Volces Arécomiques, me paraît consacrer une erreur. Si cette ville eût été considérable, les anciens géographes en aurait fait mention. Le nom d'Anduze n'est cité dans aucun ouvrage de cette époque : César n'en dit rien dans ses Commentaires. Ce vainqueur des Gaules ne traversa pas les Cévennes pour aller en Auvergne, comme l'affirme M. Paulet, et comme le croient tant de gens. Il ne put donc y laisser une garnison romaine. Anduze, par sa position, pouvait bien être un poste militaire ; mais nous manquons de documens pour en être certains, et l'on ne peut donner à cet égard qu'une conjecture. Ainsi, la tradition dont je parle, n'est qu'un résultat de cette faiblesse qu'ont, en général, les habitans des petites villes anciennes, de croire qu'elles ont déchu, et que, dans des temps reculés, elles jouissaient d'une certaine splendeur (1).

Si nous portons nos regards vers les premiers temps de la monarchie française, nous ne trouverons pas le moindre indice de l'existence même de la ville d'Anduze, avant l'époque de Charlemagne. Le voile qui nous a caché son origine, s'étend jusqu'aux premières années du IX.ᵉ siècle.

---

(1) Nous n'avons rien à Anduze qui soit d'architecture romaine. Le château de Paulhan est du moyen âge. Je ne pense pas, avec M. Paulet, que ce soit l'ancien *Prusianum*, maison de campagne dont parle Sidoine Apollinaire, et qui appartenait à Tonnauce-Ferréol, personnage distingué du V.ᵉ siècle. M. Paulet a fait une longue dissertation, pour prouver que M. de Mandajors s'était trompé en fixant la situation de *Prusianum* sur le Gardon d'Alais. Il croit aussi que le château de *Veirac* est la maison de campagne que Sidoine appelle *Vorocingus*, et qui était la propriété d'un sénateur romain.

DEUXIÈME SECTION.

Depuis 810 jusqu'en 1226.

Son état au IX.e siècle. — Ici commencent les documens que l'histoire nous a conservés touchant la ville d'Anduze. Nous ne pourrons, jusqu'au XIII.e siècle, que répéter ce qu'on a dit ailleurs. Les matériaux que nous avons recueillis, soit dans les archives de la commune, soit dans les actes notariés, ne remontent pas au-delà de cette dernière époque.

Le plus ancien monument que nous ayons pour Anduze et dont la date soit certaine, est une charte trouvée dans le cartulaire de l'abbaye d'Aniane. Cette charte est une donation faite, vers l'an 810, par Autscindane ou Auscinde, Abbesse d'un monastère de filles, situé près le château d'Anduze et sous le bourg de ce nom (1). On y voit qu'Anduze n'était alors qu'un bourg ayant un château-fort, occupé par un Seigneur, qui devait être Adébralde, celui-là

(1) Hist. génér. de Langued., tom. I., pag. 484, et preuv., pag. 35. — Je préviens le lecteur que c'est dans l'Histoire de Languedoc, que j'ai pris ce qui concerne les Seigneurs d'Anduze. On pourra facilement vérifier ce que je rapporte, en suivant l'ordre des dates. J'indiquerai par des citations, les autres ouvrages où j'aurai puisé.

même qui avait été propriétaire de *Berthomates* (1), maison de campagne dont la donation à l'abbaye d'Aniane est le sujet de cette charte. On y apprend également qu'Anduze avait des avocats, *advocati*, titre que portaient alors ceux qui passaient les actes. Depuis cette époque jusqu'en 1020, c'est-à-dire, pendant plus de deux cents ans, nous ne trouvons rien d'intéressant ni de positif sur la ville d'Anduze. La généalogie même des Seigneurs est incertaine (2).

---

(1) Était-ce un village, comme le disent les historiens du Languedoc? L'acte cité porte : *Donamus...... villam cui vocabulum est Berthomates.* Trudoine et Salomon, avocats d'Auscinde, lui donnent le titre de Seigneuresse ; mais ils ne disent pas qu'elle le fût d'Anduze.

(2) J'ignore d'où M. Paulet a tiré les renseignemens qu'il donne sur la généalogie des Seigneurs d'Anduze, pendant le IX.ᵉ et le X.ᵉ siècles. Je n'ai vu, à cet égard, qu'obscurité et incertitude. M. Paulet dit que, vers 800, le territoire d'Anduze était partagé entre trois Seigneurs; Dadila, l'abbesse Auscinde, et Aldébralde, qui doit être l'Adébralde dont je fais mention : je n'ai vu cela que dans son manuscrit, et je n'ai pas cru devoir l'adopter sans preuves. Il dit ensuite qu'Aldébralde épousa la veuve Ermengarde, dont il eut deux fils, Pierre et Bernard. Le premier fut fait Seigneur d'Anduze, et l'autre, Évêque de Nismes. Il est vrai qu'il y eut à Nismes un Évêque nommé Bernard, frère du Seigneur d'Anduze; mais ce fut en 942, c'est-à-dire,

Premier événement connu (914). — Il se tint au château d'Anduze, en 914, un plaid auquel assistèrent plusieurs Seigneurs. On y jugea une affaire entre Hubert, Évêque de Nismes, et un particulier, au sujet d'une donation faite à l'église Notre-Dame de la même ville (1).

Bernard, dit Pelet (1020). — Il paraît qu'au commencement du IX.[e] siècle, Bernard, Seigneur d'Anduze, était un homme puissant par sa fortune et par son courage (2). Il eut deux fils, Frédol et Gérard, qui furent Évêques, l'un, du Puy, et l'autre, de Nismes. Un autre

---

142 ans après l'époque, où, suivant M. Paulet, le père de cet Évêque partageait la seigneurie d'Anduze avec Dadila et Auscinde. Je pense que cet Évêque était peut-être un des petits-fils d'Adébralde ou Aldébralde. Je n'aurais pas mis cette note, si personne n'avait connaissance du manuscrit de M. Paulet. Mais, comme il est répandu dans la ville d'Anduze, j'ai voulu relever ces erreurs. J'attache fort peu d'importance à ces généalogies, qui le plus souvent embarrassent l'histoire sans aucune sorte d'utilité.

(1) Ménard, Hist. de Nismes, tom. I, pag. 141.

(2) C'est ce Bernard qui se disait *miles pelitus et dominus princeps Andusiensis*. Le mot *miles* était, dans le moyen âge, un titre de noble et d'écuyer. Les mots *dominus princeps Andusiensis* ne me paraissent pas indiquer, comme le pense M. Paulet, que Bernard fût prince. Je crois qu'il n'était tout simplement que le premier Seigneur d'Anduze.

de ses fils hérita de la seigneurie d'Anduze, ce fut Almérade; un quatrième appelé Bermond, fut Seigneur de Sauve. L'histoire cite Frédol comme un prélat bienfaisant : il mérite donc ici une mention particulière, puisqu'il a honoré son pays par la pratique d'une vertu modeste, sans éclat et l'une des plus utiles à l'humanité.

Monnaie. — Ce fut à peu près à cette époque, vers l'année 1020, que l'on commença à battre monnaie à Anduze et à Sauve (1). Elle fut frappée au coin des deux villes, parce que c'était la même Maison qui occupait les deux Seigneuries. L'hôtel où on la faisait à Anduze, devait être situé dans une ancienne rue, connue, depuis un temps immémorial, sous le nom de rue de la *Monnaie.* On peut voir dans l'Histoire générale de Languedoc, le dessin de cette pièce, qui était d'argent et qui pouvait valoir six ou sept sous melgoriens. Celui-ci, qui était la monnaie des Seigneurs de Melgueil, aujourd'hui Mauguio, bourg situé à 2 lieues S. E. de Montpellier, valait huit sous tournois. La monnaie d'Anduze présente un B sur l'une de ses faces, et pour légende *Andusiensis*; sur le revers on voit une croix, autour de laquelle on lit le mot *Salviensis.*

---

(1) Manuscrit de M. Paulet.

La maison Bernard fit des dons considérables à différentes églises et abbayes, et fonda en 1029, le monastère de St-Pierre, à Sauve. Almérade, qui avait succédé à son père Bernard dit Pelet, mort en 1029, mourut en 1042 et laissa pour héritier son fils Pierre. Son testament prouve qu'il possédait, outre la seigneurie d'Anduze, d'autres châteaux et des terres considérables. Pierre mourut en 1077, sans postérité. La branche de Sauve, celle de Bernard Bermond, hérita du château d'Anduze. Un de ses fils, nommé Bernard, eut en partage cette succession. Dans un acte passé en 1077, Bernard prend le titre de Marquis, *Marchio*, titre qu'avait également pris son grand-père. Raymond, son fils, lui succéda. Celui-ci eut deux enfans. Bernard, l'un d'eux, hérita du château d'Anduze. Il était Seigneur en 1114.

Bernard, Seigneur d'Anduze (1114). — Ce Bernard devait jouir d'une grande considération. Il présida en 1119 un plaid tenu à Montpellier, et en 1125, il se trouva présent à un traité de paix fait entre Alphonse Jourdan, Comte de Toulouse, et Raymond Bérenger, Comte de Barcelonne. Dans plusieurs actes passés à cette époque, on promettait de ne rien entreprendre contre Bernard d'Anduze; ce qui prouve que ce personnage était très-respecté. Sa présence fut souvent nécessaire dans les affaires et les différends de quelques Hauts et Puissans Seigneurs qui furent ses contemporains. Il n'est plus question de lui après 1135; on croit qu'il eut plusieurs enfans. On pense même que Bernard d'Anduze, qui épousa, en 1145, la Vicomtesse Ermengarde, était un de ses fils, et que Pierre, Abbé de St-Gilles, et qui devint ensuite Archevêque de Narbonne, en était un autre.

(*Vers* 1156). — Un Bernard prit l'habit monastique et mourut peu de temps après, laissant Pierre Bernard, son fils et son héritier, sous la tutelle de Guillaume de Montpellier, son proche parent et son ancien ami. On croit que ce Bernard est le même que Bernard dit l'Ancien (1), qui vivait encore en 1162. On prétend qu'il avait épousé Adélaïde de Roquefeuil, et qu'il en avait eu plusieurs enfans, entr'autres Frédol, Abbé de Saint-Victor de Marseille, élu Évêque de Fréjus en 1164, et Bermond, Chanoine de Maguelonne, et Évêque de Sisteron en 1174. Mais ces prélats pouvaient bien être ses frères ou ses neveux, puisqu'il laissa un fils héritier, qui était encore pupille en 1164. Il est vrai que Bernard pouvait s'être marié deux fois, et avoir du second mariage,

---

(1) Les historiens ne sont pas d'accord. Les uns prétendent que Bernard dit l'Ancien, est le IV.[e] du nom, d'autres le V.[e], et enfin d'autres le VI.[e]

le jeune Pierre, son fils et son héritier. On voit que cette généalogie est fort incertaine.

Bernard, Seigneur puissant (1174). — La maison d'Anduze tenait un rang distingué en 1174. Son chef était Bernard, fils d'Adélaïde de Roquefeuil et de Bernard le Vieux. Ce Seigneur devait être fort riche. Il fit diverses donations en 1181 et 1184, à l'abbaye de Bonneval, en Rouergue. Il avait un grand sceau pour sceller ses actes. Ce sceau est un des plus anciens que l'on connaisse. D'un côté, ce Seigneur est représenté à cheval, le casque en tête et l'épée à la main ; de l'autre, il donne du cor de chasse, et deux chiens le suivent autour du sceau. La légende porte sur la première de ces faces : OTIVM ou GAVDIVM BERNARDI DE ANDVSIA ; sur l'autre : SIGILLVM BERNARDI DE ANDVSIA (1).

Bernard avait un fils qui portait son nom. Il fut présent avec son père à l'accord qui fut passé en 1205 à Florensac, dans le diocèse d'Agde, entre Pierre, Roi d'Arragon, et Raymond, Comte de Toulouse, au sujet d'une pro-

---

(1) Voyez la 1.re planche du tom. V de l'Hist. génér. de Languedoc. Tous ces mots ne sont pas entiers dans la gravure citée. Celui même d'*otium* ou *gaudium* manque. Je les ai mis, d'après M. Paulet.

messe de mariage faite pour le jeune Raymond et Sancie, fille du Roi.

Parmi les autres enfans de Bernard, on distingue Bermond, Évêque de Viviers, en 1212, et Pierre Bermond, qui eut en partage la seigneurie de Sauve. Ce dernier mourut, à ce qu'il paraît, avant l'année 1218. Il avait épousé la fille aînée du vieux Raymond, Comte de Toulouse, et se trouvait ainsi allié avec la Maison royale, puisqu'il était beau-frère d'Alphonse, frère de Saint-Louis. Bernard, son père, meurt en 1223, et laisse la seigneurie d'Anduze à celui de ses fils qui portait son nom. Celui-ci dut mourir bientôt et sans postérité, puisque, en 1226, Pierre Bermond est qualifié de Seigneur d'Anduze, de Sauve et de Sommières. Ce Pierre Bermond était le petit-fils de Bernard d'Anduze, père de Pierre Bermond de Sauve, qui était gendre du Comte de Toulouse.

La maison Bernard perd la seigneurie d'Anduze (1226). — Pierre Bermond, soupçonné d'être partisan de son cousin Raymond, Comte de Toulouse, qui se trouvait le chef du parti des Albigeois, se rendit lui-même à la Cour du Roi de France, pour faire hommage-lige à Louis IX, pour les châteaux d'Anduze, de Sauve et autres apanages. Cependant il ne dut pas rester fidèle au Roi; car, ses châteaux d'Alais, Anduze, Sauve et Sommières furent confisqués. Louis IX, au mois d'avril 1243, lui pardonne et lui assigne, ainsi qu'à ses descendans, par droit d'aînesse, six cents livres de rente annuelle, tant dans le pays d'Hierle, que sur le château de Roquedur, pour les tenir en hommage-lige. Ce pays, que les ancêtres de Pierre Bermond avaient possédé, était composé de divers châteaux et villages, situés dans les Cévennes. Le Roi se réserva la liberté d'assigner ailleurs, s'il le jugeait à propos, les six cents livres de rente à Pierre Bermond, qui promit de lui être fidèle à l'avenir.

Quoique les seigneuries de la maison d'Anduze fussent réunies au domaine de la Couronne, les descendans de cette famille ajoutaient toujours à leur nom celui d'Anduze. En 1294, il y avait un Roger d'Anduze, qui possédait de grands biens dans le Vivarais. En 1302, il y avait un Chevalier de ce nom, qui était très-distingué. Celui-ci avait deux frères, Bernard et Pierre Bermond. A la même époque, un Roger d'Anduze était Seigneur de Floirac. On peut juger par ces citations, que la famille des anciens Seigneurs d'Anduze était très-nombreuse.

Jusqu'à présent nous n'avons acquis aucune connaissance sur la ville d'Anduze. Son étendue, sa population, les mœurs de ses habitans, leur industrie, tout échappe à nos recherches. Nous avons vu seulement l'histoire abrégée d'une famille de Seigneurs, qui, d'abord inconnue avant le IX.e siècle, devint puissante par la suite, et perdit ses châteaux en 1226, ou peu de temps après. Pendant les quatre cents ans de pouvoir qu'eut cette brillante Maison, nous n'avons eu occasion de signaler à la reconnaissance publique qu'un seul individu, c'est Frédol, Évêque du Puy. D'autres, sans doute, ont mérité le même honneur; mais nous ne les connaissons pas sous ce rapport. Quelques Seigneurs ont joué un grand rôle dans ces temps obscurs. Voilà leur célébrité.

TROISIÈME SECTION.

Depuis 1226 jusqu'en 1822.

Les six cents ans qui vont nous occuper dans cette section, forment, pour ainsi dire, l'histoire d'Anduze. La première époque ne nous a offert que des conjectures; la seconde nous a présenté seulement l'histoire d'une famille de Seigneurs. Nous avons maintenant des événemens à citer.

Affranchissement de la Commune (1226). — La seigneurie d'Anduze étant réunie au domaine de la Couronne, dès 1226 ou peu de temps après, l'affranchissement de cette Commune doit dater de cette époque, si les habitans ne l'avaient pas encore obtenu de ses Seigneurs, depuis le règne de Louis le Gros. Ce n'est ici qu'une conjecture ; les plus anciens actes publics, pour la ville d'Anduze, ne remontent pas à ce siècle.

Institution de la Charité (1245). — On ignore dans quel temps fut fondée à Anduze l'institution de la Charité, qui possédait en 1245, un hôpital (1) et des biens considérables. On voit par ce qui nous reste de ces temps éloignés, qu'elle eut, pendant plusieurs siècles, de grands revenus. On doit donc beaucoup regretter cette perte. Le Bureau de bienfaisance, qui a remplacé cette institution, ne possède pas grand'chose : ses principales ressources proviennent des aumônes publiques, et malheureusement on n'est jamais assez généreux (2).

---

(1) Cet hôpital avait trente lits en 1538 (Regist. des délib. de la Comm.).

(2) Un nom qui devrait être vénéré dans la ville d'Anduze, et dont on a presque perdu le souvenir, est celui de M. de Naville, qui vivait vers le milieu du dernier siècle, et qui fit des dons assez considérables au Bureau de bienfaisance. Ces dons produisent des revenus annuels, qui sont distribués à domicile aux familles pauvres de la Commune.

L'hôpital existe encore; mais ce n'est qu'une vieille maison, dont il ne reste que les murs. Sa situation est des plus heureuses. Il serait à désirer que la Commune, qui possède encore ces ruines, s'occupât de les relever. Voilà ce qui devrait intéresser les administrateurs. De pareils ouvrages honorent toujours ceux qui les ont faits ; ils leur attirent l'estime de leurs contemporains, et les bénédictions des malheureux. L'humanité reconnaissante consacre leurs noms dans l'histoire, et ces noms sont prononcés avec respect par toute la postérité. L'opinion des temps ne peut rien contre une pareille gloire; elle trouvera toujours son approbation dans le cœur des hommes de bien.

Si la Commune consacrait une partie de ses revenus à reconstruire l'hôpital, des âmes charitables s'empresseraient de fournir à son entretien. Il est peu de villes de cinq mille habitans, qui n'offrent un établissement de ce genre. Je désire de tout mon cœur qu'on en sente l'utilité, et qu'on s'occupe de rendre à la ville d'Anduze un monument si honorable.

Viguerie royale (1295). — Anduze avait déjà une viguerie royale, qui a subsisté jusqu'à la révolution. En 1370, le nombre de ses feux étaient de 1173 ; ce qui faisait environ six mille habitans pour la ville et ses dépendances.

Voilà tout ce que j'ai pu recueillir sur le

XIII.[e] siècle. On ignore complétement quelle fut la conduite des habitans d'Anduze, pendant la guerre des Albigeois. Cependant, celle que tint Pierre Bermond, le dernier Seigneur de la maison Bernard, porterait à conjecturer qu'ils ne furent pas étrangers aux opinions de cette secte malheureuse.

Clara d'Anduze. — Avant d'aller plus loin, citons une femme célèbre de cette époque, qui était née, sans doute, à Anduze, ou qui appartenait à la famille de ses Seigneurs. Cette femme est Clara d'Anduze, distinguée par ses poésies. Elle fut sensible à l'amour et devint malheureuse (1).

Les Évêques du Puy, Seigneurs d'Anduze (1307). — La Maison royale occupa seule la terre d'Anduze jusqu'en 1307, c'est-à-dire, pendant environ 80 ans. A cette époque, Philippe le Bel assigne à Jean de Cuménis, Évêque du Puy, quatre cents livres tournois de rente sur la ville et le territoire d'Anduze, et il l'appelle ensuite en partage pour cette Seigneurie. Ainsi devinrent Co-Seigneurs d'Anduze, des Évêques qui partagèrent ensuite cet honneur avec une famille puissante. Ces Seigneurs vendirent la Seigneurie vers le milieu du XVI.[e] siècle, aux

(1) Dict. histor. de Chaudon et Delandine, édit. de 1804.

frères Airebaudouze, habitans de la ville d'Anduze, qui avaient acquis, ainsi que leurs aïeux, une grande fortune dans le commerce.

Château-Bourbon (1320). — Il paraît que la maison Bernard d'Anduze fut jalouse d'avoir des propriétés dans une ville qui avait été le berceau de ses ancêtres, et qu'elle acquit le château de Bourg-Bon ou Bourbon; puisque, en 1320, un Bermond de Sauve possédait ce château, qui était un arrière-fief de la terre d'Anduze. Il appartenait en 1350 à Archambaud, dit de Sauve de Bourbon, qui le laissa à sa fille Hermensinde. Elle se marie en 1400, avec Guillaume de la Rivière. Ce château passe dans la maison Saurin de Saint-André ; ensuite dans celle des Barons de Lafarre et de Salindrenque. La maison Lafarelle d'Anduze en fait l'acquisition en 1569. Il fut ensuite possédé par la famille Coutin, qui le vendit en 1729, à la famille Loubier, qui le possède encore (1). Ce château est situé dans la partie la plus élevée de la ville : sa construction n'annonce pas une haute antiquité; il est d'architecture gothique, comme toutes les vieilles maisons d'Anduze.

Fortifications. — Pendant l'année 1320, la Commune fit construire la Tour Ronde, depuis

(1) Manuscrit de M. Paulet.

Tour de l'Horloge, située dans la partie basse et à l'angle méridional de la ville, du côté du Gardon. Cette tour fut, sans doute, une fortification. Mais, était-ce la seule qui existât à cette époque, ou bien en avait-on élevé d'autres auparavant? C'est ce qu'il nous est impossible de décider. Dès l'année 1345, on fortifia un grand nombre de villes dans la province de Languedoc; et vers la fin de l'année 1346, on s'en occupa d'une manière plus active, pour résister aux Anglais qui devaient s'emparer d'Aiguesmortes par la trahison du gouverneur, et de là, faire une irruption dans tout le Languedoc. En 1359, le Comte de Poitiers, fils du Roi Jean, étant à Béziers le 13 décembre, ordonna de fortifier tous les passages et châteaux de la sénéchaussée de Beaucaire, pour empêcher les ennemis d'y pénétrer. Anduze en faisait partie : on dut donc s'occuper alors de ses fortifications. Ce qu'il y a de certain à ce sujet, c'est que, outre la Tour Ronde, la ville avait en 1360, des murs et trois portes. J'ai lu dans une charte de cette même année, que ces portes étaient gardées par ordre du Roi (1). Il est probable que la ville d'Anduze avait des fortifications avant cette

(1) Cette charte de 1320, fait partie du petit nombre d'anciens titres que possède la ville d'Anduze. Les

époque. Il est naturel de penser que les premiers Seigneurs l'avaient fortifiée, et même qu'ils n'avaient fait peut-être que remplacer d'autres fortifications plus anciennes, détruites par le temps ou par les guerres. Il ne nous reste que des ruines sur les montagnes de Pierremale et de Saint-Julien ; et ces ruines proviennent des fortifications élevées du temps des guerres civiles, sous le Duc de Rohan.

Pierremale (1322). — La montagne de Pierremale appartient à la Commune, depuis plus de 600 ans. En 1322, elle était couverte d'arbres, et il n'y en a pas un seul aujourd'hui, tant est sec et stérile ce long plateau calcaire. L'acte qui m'a fourni ces renseignemens, prouve que la ville d'Anduze avait alors des Consuls qui administraient la Commune (1).

Couvent des Cordeliers (1330). — C'est la date des plus anciens titres pour le couvent des

---

portes dont il est question, sont celles du Pas, du Pont et de Cannau. Celle-ci était au Midi.

(1) Ceci ne s'accorde pas du tout avec une concession faite par l'Évêque du Puy en 1376, aux habitans d'Anduze. Il leur permet d'élire trois Consuls et douze Conseillers pour régir les affaires de la Commune et acheter une Maison de ville. Il semblerait, d'après cela, qu'il n'y avait pas de Consuls avant 1376.

Frères mineurs d'Anduze, de l'ordre de Saint François d'Assise, fondateur de cette institution dans le XIII.[e] siècle. Ce couvent fut vendu pendant la révolution, comme propriété nationale. Il avait subsisté jusqu'à cette époque sans interruption, malgré les troubles religieux. Il paraît néanmoins qu'il avait éprouvé quelques secousses. La maison qui existe aujourd'hui, n'est pas ancienne. Ce couvent des Cordeliers était un des premiers qui furent établis en France.

Humbert, Seigneur d'Anduze (1344). — Le duc de Normandie, en qualité de Lieutenant du Roi en Languedoc, assigna à Humbert, Dauphin de Viennois, la baronnie de Portes, dans le diocèse d'Uzès, avec les villes et châteaux d'Alais, Anduze, Anduzenque, et quelques villages des environs. Cette donation faite en 1344, était de deux mille livres de rente, et remplissait une des conditions sous lesquelles Humbert avait cédé ses États à la France. Le Dauphin de Vienne vendit bientôt après ces domaines à Guillaume Rogier, Vicomte de Beaufort, frère du Pape Clement VI.

Guillaume Rogier. — Guillaume Rogier était un riche Seigneur que le Roi protégeait beaucoup, parce qu'il était frère du Pape. Il mourut en 1383 ou 1385, et laissa pour successeur le Vicomte de Turenne son fils, Guillaume de Beaufort, qui mourut en 1394. Raymond

Rogier (1), Vicomte de Turenne, Comte d'Alais, Seigneur d'Anduze, était fils du précédent. Il se ligua en 1398 avec d'autres Seigneurs, pour aller faire la guerre en Provence, contre Louis II, Roi de Sicile.

Boucicaut, Seigneur d'Anduze.—Raymond Rogier n'eut qu'une fille, nommée Antoinette, qui épousa en 1393, Jean le Meingre de Boucicaut, Maréchal de France. Elle mourut à Alais en 1416, sans enfans. Elle donna au Maréchal de Boucicaut, la jouissance de la vicomté de Turenne et de ses autres domaines. Son mari ne lui survécut pas long-temps; il mourut en 1421 (2). La Seigneurie d'Anduze passa à la branche de Beaufort-Canillac. Cet fut Louis de Beaufort, Marquis de Canillac, qui en jouit le premier; il était petit-fils de Guillaume Rogier. A sa mort, Charles, son fils, lui succède. Celui-ci meurt en 1494, et la seigneurie passe à son frère Jacques de Beaufort, qui mourut en 1513. On croit que Jacques de Montboissier, son neveu, lui suc-

---

(1) On lit Roger, dans l'Hist. génér. de Languedoc. J'ai cru devoir conserver le nom, tel qu'il est dans dans cette famille, avant 1398.

(2) Ce Maréchal fut gouverneur de Gênes. Il se signala contre les Turcs, les Vénitiens et les Anglais. Fait prisonnier à la bataille d'Azincourt en 1413, il fut conduit en Angleterre, où il mourut.

céda dans la moitié de la seigneurie d'Anduze. Quoi qu'il en soit, ce fut Marc de Beaufort, Comte d'Alais, qui vendit en 1747, aux Airebaudouze, la moitié de la seigneurie d'Anduze; l'autre moitié avait été acquise de l'Évêque du Puy en 1539, par ces mêmes Airebaudouze, qui s'engagèrent à payer une redevance annuelle de cinq cents livres. Cette censive a été payée aux Évêques du Puy, jusqu'à la révolution.

Confrérie de Saint-Étienne (1384). — Un acte de 1384, nous apprend qu'il y avait alors à Anduze une confrérie de Saint-Étienne, qui avait des propriétés, comme l'institution de la Charité ou de l'Hôpital, laquelle était sans doute, une autre confrérie. A cette époque, les femmes assistaient aux convois funèbres; ce qui ne se fait plus aujourd'hui que dans les campagnes.

Plusieurs personnes trouveront ces citations fort peu intéressantes, et dignes peut-être d'être entièrement oubliées. Elles blâmeront l'auteur d'avoir employé quelques lignes à les faire connaître. J'avoue qu'il m'eût été agréable d'avoir d'autres choses à dire. Mais les faits de ces temps d'ignorance sont si rares pour la ville d'Anduze, que j'ai cru devoir les rapporter presque tous, quoiqu'ils soient en général fort insignifians.

XV.e siècle. — Ce siècle nous présente encore bien moins d'intérêt. Cependant, à l'aide des *compois* (1) de 1428, 1445 et 1481, et d'un acte de 1442, nous pourrons répandre quelque lumière sur l'obscurité de cette époque.

En 1428, il y avait dans la ville d'Anduze environ 330 propriétaires, qui formaient dix sections qu'on appelait *Eschettes* (2). Cette classification des habitans subsista jusqu'à la fin du XVI.ᵉ siècle. En 1596, la ville fut divisée en quatre quartiers. Le nombre des propriétaires s'est beaucoup augmenté depuis. Il était d'environ 400, en 1481; il s'éleva à 700, en 1596; et en 1643, il approchait beaucoup de 900. A l'époque de la révolution, il y avait plus de 1000 contribuables fonciers. Il y en a actuellement plus de 1200.

---

(1) Ces trois cadastres désignés sous l'ancien nom vulgaire de *compois*, sont écrits en languedocien, sauf quelques mots qui sont en latin. Ils appartiennent à M. Henri Gautier, paléographe, d'un zèle peu commun, et auquel je dois, ainsi qu'à M. Relhan, la plupart des matériaux qui m'ont servi à composer la troisième section de cette histoire.

(2) Les noms de ces *Eschettes* étaient : 1.° *Drapiés*, 2.° *Mercadiés*, 3.° *Laniés*, 4.° *Fabres*, 5.° *Fustiés*, 6.° *Sabatiés*. 7.° *Mazeliés*, 8.° *Notaris et Cediés*, 9.° *Borianc*, 10.° *Costa*. Les huit premiers noms désignent la profession des habitans; *Borianc* et *Costa*, deux quartiers de la ville. — Voy. pour ces mots, le Dict. Langued. de l'abbé de Sauvages.

Acquisition d'un Hôtel-de-ville (1442). — L'acte de 1442 constate que la communauté d'Anduze et la confrérie de Saint-Étienne achetèrent une maison contiguë à celle que possédait cette confrérie, depuis 1384. On dut dèslors s'en servir comme d'un Hôtel-de-Ville. Un mémoire écrit en 1634, rappelle une délibération prise en 1473, dans le maison de l'*Université* (1), et un compte rendu en 1496, pour la réparation de l'*Hostal* de la ville, ce qui prouve l'usage que l'on fit de la maison acquise en 1442. Les deux maisons sont réunies dans le *compois* de 1535, sous le nom de *Maison de la Confrérie*, et en 1546, sous celui de *Maison consulaire* (2). De 1560 à 1570, cette maison fut disposée en temple pour le culte réformé, sans cesser de servir d'Hôtel-de-Ville. En 1589, on fit d'autres réparations, et l'année suivante, on construisit une nouvelle Maison consulaire, derrière l'ancienne. On voit encore sur une pierre le millésime de 1590, et les armes de la ville qui ont été muti-

(1) On appelait alors *Universitas hominum*, le corps des habitans. Ainsi, le mot *Université* répond au mot *Commune*.

(2) On ne sait d'où provient ce changement de nom en 1546. La confrérie de Saint-Étienne existait encore et la Réformation n'était point survenue.

lées pendant la révolution (1), La plus grande partie de la Maison-de-ville fut vendue en 1600 (2), pour bâtir ailleurs un temple. On éleva l'autre partie, et cette nouvelle construction servit, dès 1603, au culte catholique. Le rez-de-chaussée du prolongement de l'ancienne Maison consulaire, et plus anciennement de la Confrérie, sert aujourd'hui d'Hôtel-de-Ville ; le reste, ainsi que la nouvelle Maison commune de 1590, servent de presbytère.

XVI.e siècle. — Laissons ces temps de barbarie que nous venons de parcourir et qui ne nous ont presque rien offert de remarquable ; parlons du XVI.e siècle. Cette époque, qui fut celle de la Réformation, vit naître de grands événemens dans toute l'Europe. Le pape Alexandre VI avait ébranlé le pouvoir du Saint-Siége par ses vices et par ses crimes. Jules II, par son ambition, augmenta le mécontentement de tous les vrais chrétiens. Léon X voulut régner avec tout l'éclat des Beaux-arts. Sa magnificence, sa prodigalité absorbèrent plus que les revenus de l'Église : il fallut vendre avec profusion ces indulgences qui corrompent toujours

---

(1) Ces armes consistent en une grande tour carrée, ayant la forme d'un cône tronqué, surmonté de trois petites tours cylindriques.

(2) C'est aujourd'hui la maison *Mirial.*

la morale et la piété. Ce trafic scandaleux, comme l'appelle l'abbé Millot, fut un nouveau sujet de murmures contre la papauté, et hâta l'explosion de l'orage qui, depuis long-temps, grondait sur le trône des Pontifes. Luther se mit à la tête de ceux qui tonnaient contre Rome. Leurs opinions furent embrassées avec enthousiasme et combattues avec fureur. Une grande agitation régnait dans tous les esprits. Le sang coulait en Allemagne. Zwingle parut en Suisse et Calvin en France. Le premier obtint des succès dans sa patrie; mais ces succès n'étant pas les mêmes dans tous les cantons, la guerre civile s'alluma. Les Suisses, bientôt épouvantés de verser le sang de leurs concitoyens, devinrent les plus tolérans des hommes. « Malheureusement, dit M. de Lacretelle (1), cet exemple qui aurait été si salutaire, fut comme inaperçu du midi de l'Europe, et la sagesse resta renfermée dans les montagnes où la liberté avait pris naissance. » Calvin prêcha la Réforme à ses compatriotes; mais, poursuivi par le Clergé, il quitta la France, et alla s'établir à Genève, dont il devint le législateur.

Les nouvelles opinions théologiques germèrent au milieu des persécutions. Le Chancelier de

(1) Hist. de France, pend. les guerr. de Relig. Introd.

l'Hospital faisait de vains efforts pour éviter la guerre civile en France. Sa grande âme, pleine de beaux sentimens, cherchait à communiquer à tous les hommes ses principes de tolérance : il fut renvoyé. Ce fut alors que le crime marcha sans crainte, et bientôt on vit la Saint-Barthélemi : « Action exécrable, dit Péréfixe, qui n'avait jamais eu et qui n'aura, s'il plaît à Dieu, jamais de semblable. » L'Hospital, cet homme d'état, qui s'était tant élevé au-dessus de son siècle, ne put survivre à tant d'horreurs. Dès qu'il eut connaissance du massacre de Paris, il s'écria : « Je reconnais les conseils qu'on donnait au Roi depuis long-temps ; il faut mourir, quand on n'a pu prévenir de tels malheurs. »

Ce rapide aperçu jeté sur le XVI.e siècle, était nécessaire pour conduire le lecteur aux événemens qui eurent lieu à cette époque dans la ville d'Anduze, et qui ne furent que le prélude de ce qui arriva au XVII.e siècle et au commencement du siècle dernier. Mais, n'anticipons pas, et suivons toujours l'ordre des dates.

Peste (1530). — Nous n'avons rien à dire sur les premières années de ce siècle. L'année 1530 est la première qui soit remarquable pour la ville d'Anduze. Elle fut alors affligée de la peste. Cette époque malheureuse est constatée par un testament reçu le 11 février, dans une olivette près de Paulhan, par M. Crescent, curé de Boisset (1). On ignore si ce cruel fléau fit de grands ravages. Il dut se montrer dès 1529.

Foires. — Cette même année 1529, François I.er accorda deux foires à la ville d'Anduze, sans préjudice de celles qui existaient depuis long-temps. Mais, à quelle époque furent établies ces anciennes foires? Il nous est impossible de répondre à cette question. Celles de 1529 furent fixées, l'une au jeudi après la fête Saint-Hilaire, 14 janvier; et l'autre au jeudi après la fête Saint-Pierre, 29 juin. De toutes ces foires il n'en existe plus que deux, qui se tiennent le premier et le troisième jeudi de décembre. A quel siècle ferons-nous remonter la naissance du marché qui a lieu tous les jeudis? Il est probable que c'est en 1437 qu'il commença; car, le 24 novembre de cette année, le Comte

---

(1) Ce testament est écrit en languedocien. Il est intitulé : *Lou testamen de Anthonie Pradyera de la villa d'Anduza, grotada de pesta.* On le trouve dans un registre de Jean de Cantalupa, qui fait partie de l'étude de M.e Teissier, notaire aussi instruit qu'estimable, et que je m'honore d'avoir pour ami. M. Relhan, à qui je dois la connaissance de cet acte, a fait des recherches laborieuses et instructives, consignées dans un grand livre écrit de sa main et déposé à la Mairie. Il a pour titre : *Hôtel-de-Ville et Presbytère.*

Louis de Beaufort, Seigneur d'Anduze, permit aux Consuls de la ville de faire une *orgerie* pour la vente des grains sous la censive de cinq sous.

Ouragan épouvantable (1539). — Le 11 du mois de juin de cette année, fut un jour de deuil pour la ville d'Anduze et ses environs. On éprouva un ouragan des plus affreux, et dont le détail consigné dans le plus ancien registre des délibérations de la Commune, est épouvantable. Les habitans durent en conserver un long souvenir ; mais ce souvenir s'est entièrement effacé. Il tomba une prodigieuse quantité d'énormes grains de grêle et des météorites qui pesaient plus de neuf livres (1).

Nombre des Notaires (1540). — Ce fut pendant l'année 1540, que le nombre des notaires pour la ville et viguerie d'Anduze et Anduzenque fut fixé à douze, parmi lesquels trois seulement furent pour la ville d'Anduze (1). Ce fut alors aussi que l'on commença de faire usage de la langue française dans les actes notariés ; auparavant ils avaient toujours été écrits en latin. Nous avons vu que l'on se servait de

---

(1) La relation de cet événement porte : « *Tombèrent plusieurs pierres de tempeste qui pesoient plus de neuf livres.* »

(2) Regist. d'Étienne de Cantalupa, ann. 1540.

l'idiome languedocien pour les cadastres et certains actes privés. Quelques années avant 1529, les notaires d'Anduze écrivaient quelquefois des actes en français; mais l'usage en fut général dès 1540. François I.er l'avait ordonné, par lettres du 26 février 1539. Quant aux délibérations de la Commune, dont les plus anciennes sont de 1536, elles sont écrites en français; le *compois* de 1535 est en languedocien. Ainsi, la langue française dut s'introduire à Anduze, au commencement du XVI.e siècle.

Les Airebaudouze, Seigneurs. — Jean et Nicolas Airebaudouze, ayant acquis en 1539, la moitié de la seigneurie d'Anduze, de l'Évêque du Puy, devinrent Co-Seigneurs avec les Beaufort. En 1540, les Consuls, au nom des habitans, leur prêtèrent serment de fidélité. Ce serment fut renouvelé en 1547, époque à laquelle les frères Airebaudouze achetèrent l'autre moitié de la seigneurie à Marc de Beaufort, Comte d'Alais. La famille des Airebaudouze en a possédé les terres jusqu'en 1760, et les droits seigneuriaux jusqu'en 1780. Vers l'année 1553, Urbain d'Airebaudouze succéda aux frères Airebaudouze. En 1645, François d'Airebaudouze, arrière-petit-fils de Jean, étant Gentilhomme de la chambre, obtint l'érection de la terre d'Anduze en Marquisat. Un autre Urbain lui succède, meurt en 1668, et laisse pour héritier son fils Charles-Guy. Cet Airebaudouze est le dernier. Il mourut en 1734, et laissa une fille appelée Françoise-Denise, qui avait épousé en 1730, M. de Saxy, noble de Provence. Celui-ci meurt en 1745. Il laissa également une fille qui hérita de la seigneurie d'Anduze. M. le comte d'Avignon, gentilhomme d'Arles, l'épouse et devient Seigneur. Ce fut lui qui vendit cette terre, en 1760, à MM. Roquier, Julian, Vidal et Campesval, pour la somme de 40,000 écus. Il se réserva les titres, la justice et autres droits seigneuriaux. Madame la marquise d'Anduze les vendit 30,000 livres à Madame Hostalier, en 1788.

Agitations religieuses. — Les registres des délibérations de 1550 à 1595, n'étant plus dans les archives de la Commune, nous manquerons de documens pour faire connaître, d'une manière circonstanciée, ces temps remarquables. Nous pourrons néanmoins en prendre une connaissance assez étendue, à l'aide des actes notariés et des registres des baptêmes et des mariages, dont le plus ancien est de 1560.

Naissance de la Réformation. — Avant l'année 1555, on n'aperçoit aucune trace de Réformation; mais alors et en 1556, on ne voit plus dans quelques actes de mariage le mot *Église*, précédé de ceux-ci, *Saincte Mère ;* tandis qu'en 1554, on les mettait encore et on ajoutait:

Comme est de bonne coustume. Dans quelques testamens, il n'est pas fait mention du signe *de la Croix.*

Mort de Rozier, cordelier (1557). — Les principes de la Réformation se répandaient déjà dans l'esprit des habitans d'Anduze, lorsqu'un événement qui pouvait inspirer la terreur, se passa devant leurs yeux. Voici comme le notaire Étienne de Cantalupa, qui nous fournit tous ces détails, raconte le supplice de Rozier : « Nota que le dimanche 22.e jour du mois d'aoust, frère Claude Rozier, cordellier de la ville d'Allés, ayant presché, la caresme passée en la présent ville d'Anduze et descouvert les abuz de la papaulté, l'official de Nismes fict enquérir contre luy, où il se retira à Genève et se maria. Et estant venu de part de sa, fut prins et condamné par Messires de Malras et Dalson, estant en ce païs, à faire amende honoraire, la langue couppée et bruslé à petit feu au devant de la fontaine, le jour susdit, et moureust en vray martir sostenant toujours la Religion. » Cette mort, bien loin d'affaiblir le nouveau zèle, ne fit que l'augmenter sans doute ; car, les deux années suivantes, quoique l'extérieur du culte ne fût point changé, on mettait dans quelques testamens, après le nom de Jésus-Christ, les mots : *Seul advocat et médiateur.*

Culte Réformé (1560). — En 1560, l'exercice du Culte réformé devint public dans la ville d'Anduze. On sait que ce fut en l'année 1555, que s'établit à Paris la première église de la Religion réformée: celle de Nismes date de 1558.

En 1564, la Réformation était généralement établie dans la ville d'Anduze et ses environs. Il nous est impossible de déterminer comment elle fut embrassée par la masse des habitans. Il dut y avoir des délibérations communales. On sait que la ville d'Anduze prit ouvertement le parti du Prince de Condé, en 1562. Elle vit dans ses murs, en 1560, le Comte de Villars, à la tête de toute la Gendarmerie; il était venu de Montpellier pour pacifier les Cévennes.

Avant la Réformation, il y avait à Anduze trois églises et des chapelles pour l'exercice du culte. Rien de tout cela n'existe aujourd'hui. L'église Saint-Étienne n'est pas l'ancienne église de ce nom; celle-ci était située vis-à-vis la maison qui appartient actuellement à M. Teissier le notaire. Elle fut renversée pendant les premières années de la Réformation, peut-être même en 1568, époque de la démolition de la maison du Prieur, qu'on appelait *la Clastre*. L'époque dont nous parlons, dut être fort agitée. Un nouvel ordre de choses s'établissait, et ce sont des événemens qui n'arrivent jamais sans secousses. Il paraît, d'après l'acte d'inauguration de la nouvelle église Saint-Étienne, que la destruction de l'ancienne fut l'effet d'un mouvement d'exaltation religieuse (1). Du reste, ceci n'arriva qu'après 1561, puisque, au mois d'octobre de cette année, on baptisait au *Grand-Temple*. Cette dénomination de Grand-Temple indique sans doute l'ancienne église Saint-Étienne, que l'on dut faire servir pour l'exercice du Culte réformé. L'église de Notre-Dame, également renversée à cette époque, devait être alors le Petit-Temple. Vers l'année 1570, les églises étant détruites, on fit un temple de la Maison consulaire; mais, comme il était fort petit, on le vendit pour en faire un nouveau, et ce fut sur l'emplacement de l'ancienne *Clastre* qu'on l'éleva. C'est de 1600 à 1602 qu'il fut construit, et ensuite démoli de 1685 à 1686. On fit bâtir sur le lieu même la nouvelle église Saint-Étienne qui existe encore, et qui fut inaugurée en 1688, par François, Chevalier de Saulx, premier Évêque d'Alais.

Fonderie de Canons (1570). — Un acte notarié de 1570 (2), nous apprend qu'il y avait à Anduze une fonderie de canons. Elle y était encore

(1) On lit ces mots : *Hœreticorum pravitate funditùs eversum*, en parlant de l'ancienne église Saint-Étienne.

(2) Regist. d'Étienne de Cantalupa.

pendant les guerres du Duc de Rohan (1), et fut même à cette époque en grande activité.

Fin du XVI.e siècle. — On ignore ce qui se passa à Anduze, lors du massacre de la Saint-Barthélemi; on ne sait pas même quels événemens en furent la suite. Il est naturel de penser qu'il dut régner dans les esprits une grande agitation. La France entière était bouleversée. Les Protestans aigris par le malheur, se soulevaient de toutes parts. Enfin, parut l'édit de pacification accordé par Henri III, en 1576. Il semblait que tout dût être fini, et que la paix et la concorde allaient désormais régner en France; mais les agitateurs ne pouvaient pas vivre en repos: il y eut de nouveaux troubles.

Assemblée générale des Protestans du Bas-Languedoc (1579). — Les Réformés du Bas-Languedoc donnèrent un exemple de modération et de courage. Ils convoquèrent, au mois de novembre de l'année 1579, une assemblée générale de leurs Églises, qui se tint à Anduze, et qui fut présidée par Jean de Bel-Castel, Sieur de Montvaillant, et Nicolas de Calvière, Sieur de Saint-Cosme. Tous ceux qui la composaient firent serment de demeurer unis, de se prêter un secours mutuel, d'observer religieusement

(1) Regist. des délibér. de la Commune.

l'édit de pacification, et de s'opposer de toutes leurs forces aux infracteurs.

Peste (1580). — Tous ces troubles, toutes ces agitations religieuses, ne furent pas les seuls malheurs qu'éprouvèrent les habitans d'Anduze à cette époque. En 1580, ils eurent encore la peste dans leurs murs. Cet événement est constaté par le registre des baptêmes qui porte, après le n.° 315, daté du 27 novembre 1580, ces mots remarquables : *Nota quod pestis incrassata est à mense Augusti usquè ferè ad Februarium.* On ne trouve aucun baptême en décembre, ni en janvier. La peste dut exercer ses plus grands ravages pendant ces deux mois. Elle reparut en 1586 et 1587. Sur le registre des mariages, on lit après le 21 septembre 1586 : *Le reste de septembre, octobre, novembre, décembre, janvier n'est ici à cause de la peste que a été en cette ville d'Anduze durant le dict temps.* Après le 18 octobre 1587, on trouve : *Le reste d'octobre, novembre, décembre n'est ici à cause de la peste.* Le mois de janvier manque également ; mais ce fut en novembre et décembre que cette dernière peste désola la ville d'Anduze. Le notaire Étienne de Cantalupa nous en a conservé la mémoire. On lit sur le registre de 1587, à la date du 28 décembre : *Ledit jour nous de Cantalupa, avec le dit Portal, mon clerc, et Judy Bonnete, ma belle-fille, sommes entrés, par la grâce de Dieu, dans la ville d'Anduze, pour y habiter, y ayant dans icelle restauration de santé, ayant demeuré dehors, au lieu de Tournac, pour raison de la dite contagion deux mois complets. C'est despuis le 28 octobre jusques au jour susdit.* Cette maladie se montra plus souvent encore dans les environs. Il en est parlé dans les registres des délibérations de la Commune, en 1544, 1545, 1546 et 1549; en 1598, 1603, 1607 et 1608. Mais une seule réflexion se présente ici. Était-ce bien la peste qui affligeait cette contrée? Ne pourrait-on pas croire que ce n'était qu'un *typhus*, tel qu'on en a souvent observé dans les camps, dans les prisons, dans les hôpitaux?

De quelques Usages. — En parcourant les documens qui m'ont fourni ce que je rapporte sur le XVI.[e] siècle, j'ai trouvé que la ville d'Anduze avait reçu de ses Consuls, en 1584, une *arquebuse*, et que c'était là une ancienne coutume. Le Conseil de la Commune s'assemblait *à son de trompe et de cloche;* une grande partie des habitans y assistait. A cette époque, on posait les mains sur *les Saints Évangiles*, pour les promesses faites dans les actes notariés. Dans ces mêmes actes, il y avait *touchement des mains* pour les ventes; usage qui subsiste encore, mais dont on ne fait point mention. La ville avait des écoles publiques dirigées par un maître qu'elle payait; on payait aussi un homme pour sonner les cloches pendant les orages : rapprochement curieux qui prouve, d'une part, le désir de l'instruction ; de l'autre, l'ignorance. On sortait alors des siècles de barbarie, et l'on commençait les siècles de lumières.

XVIIe siècle. — Pendant le règne de Henri IV, il ne se passa rien à Anduze digne d'être cité. Le peuple était tranquille ; il oubliait déjà ses malheurs, lorsque le poignard d'un fanatique lui fit perdre le meilleur des Rois. Cet affreux événement, arrivé en 1610, renouvela toutes les craintes. Les plaies des guerres civiles n'étaient pas entièrement cicatrisées ; elles se rouvrirent. L'image du sang ébranla tous les esprits ; on se crut à la veille des massacres. Les chefs de parti profitèrent de cette agitation, pour essayer de réaliser leurs espérances. La guerre civile éclata de nouveau ; la religion en fut le prétexte.

Guerres sous le Duc de Rohan. — Il se tint un synode à Anduze, en 1616. Trois ans après, cette ville vit entrer dans ses murs le Duc de Montmorency, et en 1622, le Duc de Rohan qui était le chef des Calvinistes. On fit alors de nouvelles fortifications. On éleva sur Pierremale une redoute dont les ruines existent encôre, ainsi que celles des murailles dont on entoura Saint-Julien. La ville avait sept portes bien fortifiées. A l'entrée du chemin de Gaujac au-dessous du pont, il y avait une redoute, et dans le lieu même où se trouve le faubourg des Casernes (1), était une fortification qui s'étendait jusqu'à l'ancienne Maladrerie, devenue maison des pauvres et ensuite propriété particulière.

En 1632, les troupes du Duc de Rohan empêchèrent le Duc de Montmorency de s'emparer de la ville d'Anduze (2). Ce général s'était avancé à la tête des troupes royales jusqu'à la plaine de Tornac; mais il fut obligé de renoncer à son entreprise et de se retirer. La paix se fit cette même année 1622. Les Protestans obtinrent la confirmation de l'édit de Nantes et de tous leurs priviléges. Bientôt le Duc de Rohan

(1) Il y avait dans cet endroit une pièce d'artillerie appelée Pélican, et c'est de là que vient le nom de *Pélico* donné depuis à une rue de ce faubourg. M. Paulet a donné un plan de la ville et de ses fortifications, telles qu'elles étaient en 1622. Lorsqu'on les éleva, on construisit la citerne de Saint-Julien, que quelques personnes croient fort ancienne. La petite église, à cette époque, n'était pas en ruines.

(2) Cette ville fournit au Duc de Rohan plusieurs officiers distingués et de braves soldats.

reprit les armes. Dans une assemblée qui se tint à Anduze, au mois de juin de 1625, il fut déclaré chef des Religionnaires du Languedoc. Vers la fin de l'année 1628, ce Prince convoqua dans la même ville une assemblée provinciale des Cévennes et du Gévaudan. Il fit jurer à tous ceux qui en faisaient partie, de demeurer fermes dans leur confédération avec le Roi d'Angleterre Cette assemblée renouvela son serment, le 1.er février de l'année suivante. Le Duc de Rohan n'ayant pas pu continuer la guerre, se soumit à Louis XIII, le 27 juin de la même année 1629. La paix fut signée à Alais, où était le Roi et le Cardinal de Richelieu. Un des articles portait que les Protestans raseraient les fortifications de leurs villes: celles d'Anduze furent abattues.

Productions du Pays. — Les productions du sol à cette époque consistaient en vin, châtaignes et huile d'olive. Le vin était la principale récolte; le mûrier qui fait aujourd'hui la richesse du pays, était à peine connu. On sait que cet arbre est indigène de la Chine, et qu'il fut introduit en France, en 1494. Sa culture ne fut faite en grand qu'un siècle après. En 1570, il était cultivé déjà dans les environs d'Anduze; mais cette culture avait peu d'importance.

Hôtel de la Monnaie. — M. Paulet dit qu'en 1622, on battait monnaie à Anduze au coin du

Duc de Rohan, et que cette monnaie avait cours et valait un sou; qu'en 1624, on frappa une médaille pour la pharmacie de la ville.

Peste (1650). — Après les guerres du Duc de Rohan, il ne se passa rien de remarquable à Anduze. Une peste plus terrible que les précédentes, vint encore désoler ce malheureux pays. Elle exerça ses ravages dans la ville en 1650. De 1629 à 1630, il y en eut une dont on ne connaît pas les détails. Celle de 1650 fut affreuse. Les habitans abandonnèrent la ville; ils allèrent en foule sur les montagnes voisines et notamment à la Grande-Palière, où l'on éleva des cabanes. Anduze perdit, à cette époque, près de mille personnes. Cette peste se fit sentir vers la fin de l'année 1649; et pendant les mois de janvier et de février, il mourut environ 700 malades. C'est la dernière peste dont il soit question dans cette histoire. Celle de 1720, qui répandit un deuil général sur la belle et florissante ville de Marseille, s'étendit jusque dans ce pays; mais une seule partie des environs en fut atteinte. La ville d'Anduze en fut préservée.

Guerre des Camisards (1685). — Nous touchons à des temps extraordinaires pour cette contrée. Le désir de rétablir l'uniformité de culte dicte à Louis XIV la révocation de l'édit de Nantes, donné par Henri IV et confirmé par Louis XIII. Cet acte d'un grand Roi changea tout-à-fait l'aspect de la France. Il parut en 1685. Dès-lors, plus de repos pour ceux des enfans de Calvin qui étaient attachés au nouveau culte. La liberté de conscience leur est enlevée, les temples sont démolis, et l'on a la faiblesse de croire que les vexations les rendront à la Religion catholique. Le contraire eut lieu. Le mécontentement devint général. Huit cents mille citoyens sortirent du royaume, emportant des sommes immenses et une précieuse industrie. Ceux qui restèrent, attachés au sol qui les avait vu naître, attendirent avec courage et résignation l'époque de leur délivrance. Il se formait de temps en temps des assemblées, où des prédicateurs pleins de zèle exhortaient leurs frères à la patience et à la fermeté nécessaires, pour persévérer dans la pratique de leur religion. On exerçait les plus grandes cruautés sur ceux qu'on trouvait ainsi réunis. L'abbé du Chaila, inspecteur des missions dans les Cévennes, y commettait des horreurs inconcevables depuis 1687, lorsqu'il fut tué au pont de Montvert par un attroupement de gens armés, qui délivrèrent les malheureux que cet affreux inquisiteur retenait dans les tortures. Cet événement, arrivé le 24 juillet 1702, commença la guerre des Camisards. Bientôt les Cévennes, et surtout les environs d'Anduze, devinrent le théâtre d'actions courageuses et de cruautés inouïes.

D'un côté, les Camisards ; de l'autre, les Cadets de la Croix, se livrèrent à toutes sortes d'excès. On eût dit que le génie de la destruction s'était réfugié dans ces montagnes. Les gens de bien, presque toujours timides dans leurs conseils ou dans leurs actions, ne savaient quelle barrière opposer à ces désastres : ils gémissaient en silence. Il est affreux sans doute, comme le dit Voltaire, que l'Église chrétienne ait toujours été déchirée par ses querelles, et que le sang ait coulé pendant tant de siècles par des mains qui portaient le Dieu de paix (1). Ce fut ce qui arriva à la fin du XVIIe siècle et au commencement du siècle dernier.

Aucun des événemens de la guerre des Camisards n'eut lieu dans la ville d'Anduze. Plusieurs des chefs de ces bandes redoutables étaient nés dans ses environs. Je n'entrerai pas ici dans les détails de leur histoire ; je citerai ailleurs quelques-uns des faits les plus remarquables. Le Gouvernement de cette mémorable époque fut étonné de la force qu'un parti faible en apparence tirait de son désespoir. L'armement des Cévennes ne fut que partiel : que serait-il arrivé s'il eût été général !

Événemens récens. — Ces troubles cessèrent en 1711. Le pays fut tranquille jusqu'à la révo-

---

(1) Siècle de Louis XIV ; chap. XXXII

lution. A cette époque il fut agité comme toute la France ; mais la guerre civile ne l'incendia pas de nouveau. La garde nationale d'Anduze alla à Nismes en 1790, pour contribuer à rétablir l'ordre dans cette malheureuse cité. En 1815, elle se rendit à Montpellier pour le même motif. Ma patrie la reçut avec défiance : on avait déjà dépeint les habitans de cette contrée, comme des perturbateurs du repos public ; on croyait, en général, qu'ils n'avaient été poussés que par esprit de parti, tandis qu'ils avaient obéi à regret aux ordres du Chef militaire qui commandait la Division. Ils furent exposés à la vindicte publique, eux qui, pour la plupart, n'avaient quitté leurs foyers que forcément. Du reste, mes compatriotes n'avaient pas besoin de leurs secours, pour rétablir l'ordre dans une Ville qui se fait remarquer dans le midi de la France par le zèle du bien public.

Après les cent jours, on crut voir dans la ville d'Anduze un foyer d'insurrection ; il ne s'y trouvait qu'une majorité imposante, armée pour la défense de ses foyers. Les malheurs de Nismes agitaient les esprits; ils craignaient une guerre civile, qui eût vraisemblablement éclaté sans la présence des Autrichiens dans le département. Les Anduziens déposèrent les armes. Leur tranquillité n'a pas été troublée un seul instant depuis cette malheureuse époque.

Couvent de Religieuses (de 1698 à 1700). — Pendant les dernières années du XVII.[e] siècle, on établit à Anduze un couvent de Sœurs de l'Incarnation. Après l'abolition des Ordres religieux, il fut vendu comme propriété nationale à différens particuliers, qui ont fait quelques changemens dans la distribution du local.

Fontaines (1715). — Avant cette époque, il n'existait qu'une seule fontaine, celle de la place Saint-Étienne. En 1715, on en construisit cinq autres et on reconstruisit l'ancienne. Ce fut en 1780 qu'on établit une nouvelle fontaine dans la rue de la *Fustarié :* cette dernière et celle du Pont reconstruite à la même époque, sont d'un assez bon goût.

Casernes (1740). — Les Casernes furent bâties en 1740. Elles avaient trois corps de logis : il ne reste que les deux corps latéraux, dont une partie est en ruines par la chute d'un temple élevé en 1811, et qui s'écroula bientôt après. Le nouveau a été commencé en 1818, et vient d'être terminé : son inauguration est très-prochaine.

Des Inondations considérables ; du Pont et du Quai. — Parmi les grandes inondations dont on ait gardé le souvenir, on cite celles de 1741, 1768 et 1795 comme les plus remarquables. Ces événemens ont quelquefois occasioné des désastres dans ce pays. L'inondation de 1697, presque pas connue, fut une des plus extraordinaires ; elle eut lieu dans la soirée du 17 août. Celle de 1768, emporta la première arche du pont et une partie de la seconde, ce qui nécessita la reconstruction de ce monument, en 1774. Ce fut alors aussi que les États de Languedoc firent bâtir le Quai, pour empêcher le Gardon d'exercer ses ravages sur la ville d'Anduze : il serait bien avantageux de prolonger ce boulevard, et surtout d'encaisser la rivière. Les habitans de ses rivages s'étaient flattés dans le temps de voir une pareille entreprise s'exécuter; mais il est probable qu'elle restera long-temps encore en espérance. Je ne dois pas oublier, relativement aux inondations, de dire qu'on s'attendait, en l'année 1822, à un débordement extraordinaire. On ne cherchait pas les causes d'un pareil événement dans les probabilités physiques, il fallait du merveilleux ; on croyait l'avoir trouvé dans le nombre 27. L'observation populaire, qui ne tient pas compte de tout, s'était aperçue que la période de 27 ans avait amené de fortes inondations. On voulait que l'année 1822 qui terminait une de ces périodes, fût marquée par les événemens de 1741, 1768 et 1795. Les hommes superstitieux se sont trompés, comme ceux qui attribuaient les grands froids aux années qui finissent par un 9: ils citaient 1709, 1789, 1809; mais 1820 mit en défaut leur science et put les désabuser.

QUATRIÈME SECTION.

État actuel de la ville d'Anduze.

Anduze présente trois parties bien distinctes, la Ville, le faubourg des Casernes, et celui du Pont, situé sur la rive gauche de la rivière, à l'entrée des chemins d'Alais et de Générargues. Les murs qui fermaient l'enceinte de cette ville, n'existent plus ; il ne reste qu'une porte qui même n'est pas fort ancienne, c'est celle du château. Les fortifications détruites en 1629, n'ont pas été relevées. La tour ronde où l'on avait placé l'horloge (1) soixante ans auparavant, fut respectée, sans doute à cause de son usage.

On compte sept cent trente-quatre maisons, petites en général, mal bâties et en cailloux, ayant deux, trois, même quatre étages, et offrant presque toutes un aspect un peu triste. Elles forment trente-neuf îles, coupées par quarante-deux rues étroites et tortueuses ; neuf places de forme irrégulière, dont cinq sont ornées de fontaines, embellissent faiblement cette petite ville, qu'il faudrait *refaire* pour la rendre agréable. Les rues ne sont pas trop bien pavées ; elles ont

---

(1) Elle fut achetée 250 livres tournois à un horloger de Montpellier, qui l'a plaça en 1569. Auparavant il y en avait une sur l'église Notre-Dame.

une pente rapide, qui donnerait la facilité de les rendre plus propres. Il n'y a guère que celles qu'on nomme rues-basses qui n'offrent pas cet avantage, et elles sont en petit nombre : celles-ci sont toujours sales. L'une d'elles, la rue de la Fustarié, offre un vrai cloaque près de la fontaine du Pont (1).

Anduze n'a de monumens publics que la Tour-Ronde, les Casernes, l'Église Saint-Étienne, le Temple, le Quai, le Pont, la Halle et les Fontaines. Quant à la maison qui sert aujourd'hui de Presbytère et d'Hôtel-de-ville, elle n'a rien qui la distingue des autres, si ce n'est les armes d'Anduze peintes à l'huile et placées au-dessus d'une des portes. Les Casernes forment deux corps de logis, séparés par le temple élevé sur l'emplacement qu'occupait le corps du milieu. On aurait fort bien fait de ne pas toucher aux casernes et de placer le temple ailleurs. Mais aujourd'hui, dans l'état où elles se trouvent, on ferait encore mieux de les abattre; ce serait un véritable embellissement pour la ville. L'Église Saint-Étienne sert au culte catholique ; elle n'a rien de remarquable. Le Temple du culte réformé peut fixer un

(1) C'est une cause d'insalubrité qu'il serait facile de détruire. Sur le quai, il en est une non moins désagréable, qu'on pourrait faire disparaître également.

instant l'attention. Sa façade est en pierres de taille, d'un calcaire gris veiné de blanc. Unie et sans pilastres, elle est couronnée par un fronton triangulaire, qui n'est pas assez saillant. Son péristyle, d'un bon genre d'ailleurs, présente deux espèces de pierres, ce qui le dépare beaucoup: l'une pareille à celle du reste de la façade forme ses quatre colonnes ; l'autre blanchâtre et point veinée constitue le fronton. On arrive au péristyle par un perron de sept marches, et on entre dans le temple par trois petites portes ceintrées et d'une même dimension. L'intérieur est orné de seize pilastres et de vingt colonnes qui supportent des tribunes. Sa forme rectangulaire est agréable ; la voûte surtout est belle et hardie. La pierre de taille n'embellit pas l'intérieur de ce temple ; le plâtre seul en fait la beauté. Il y a des portes sur les côtés et dans le fond. Sept grandes ouvertures demi-circulaires éclairent cet édifice, dont l'architecture est de l'ordre toscan. On pense qu'il peut contenir environ trois mille personnes. Le Quai est un beau boulevard. Le Pont est bien bâti ; il est large et formé de cinq arches, dont une seule, celle du milieu, est en ogive ; les autres sont hardies. La Halle est un bien triste monument, mais utile. Il est formé de douze piliers supportant une mauvaise toiture. On y tient le marché des grains.

J'ai parlé du Château-Bourbon ; il en existe encore un autre, situé dans la partie basse de la ville. Celui-ci, flanqué de deux tours, est peu ancien. En 1568, il y avait derrière, du côté de la rue droite, une tour très-élevée, semblable à celle de Pézène qui existe encore près de la place Notre-Dame, et qui fut abaissée pendant la révolution. Dans la partie la plus élevée de la ville, sont les restes de l'ancien château qu'on appelait *Comtal*, parce qu'il appartenait aux Comtes d'Alais. La partie qui est en bon état, servait de prison pendant la féodalité : elle est bien bâtie et rappelle des temps anciens.

Sept petites fontaines publiques, dont trois seulement d'un goût chinois, arrosent les rues de la ville, et fournissent aux besoins de ses habitans. Les eaux viennent de deux sources, *Gallinière* et *Dumini*. La première a deux branches qui vont se réunir dans un même réservoir. Elles sourdent des coteaux du Poulverel, ainsi que les eaux de Dumini. Le réservoir commun d'où elles sont distribuées aux fontaines, est sur la place Saint-Étienne. Il serait à désirer que les administrateurs de la Commune fissent couper la source de Dumini. Elle ne fournit pas un pouce d'eau dans le temps de sécheresse ; Gallinière en donne de 4 à 5 pouces. Celle-ci est très-bonne ; l'autre est chargée de sels calcaires et devient trouble par les pluies abondantes (1). On sait qu'un pouce d'eau peut suffire au besoin de 1,000 habitans, et il n'y en a pas plus de 4,000 à Anduze qui fassent usage des eaux des fontaines. Les sources de Gallinière pourraient donc suffire. D'ailleurs, quand il fait chaud, beaucoup de gens boivent de l'eau de puits, parce qu'elle est plus fraîche que celle des fontaines. L'eau de Gallinière prise aux sources est aussi très-fraîche ; mais elle perd cette utile qualité, en passant par l'aqueduc qui la conduit dans la ville. Les 700 habitans de la banlieue ont dans leurs propriétés de très-bonnes sources, qui leur fournissent une boisson salutaire.

La population d'Anduze n'est pas tout-à-fait de 5,200. Le recensement de 1820 l'élevait à 5,326; celui de 1822 à 5,028; ce qui donne pour terme moyen 5,177. Le dernier recensement porte 4,345 pour la ville et ses faubourgs ; 683

(1) M. Gayraud, pharmacien d'Anduze, mon compatriote et mon ami, en a fait une analyse. L'eau de Gallinière est presque aussi légère que l'eau distillée et contient seulement du carbonate de chaux ; celle de Dumini pèse environ 8 grains de plus par livre, contient du carbonate et du sulfate de chaux, et un peu de matière argileuse en suspension. Quant aux qualités physiques, elles sont bien différentes : la première a une saveur agréable, l'autre un goût terreux.

pour la banlieue (1). Sept cent trente-quatre maisons servent de logement à 4,400 personnes; ce qui fait 6 par habitation. Dans la banlieue, il y a cent quatre-vingt-une maisons habitables, et elles ne sont occupées que par 700 personnes; plusieurs ne sont pas habitées. La ville d'Anduze a 1200 feux; la campagne 150. Il y a dans les deux vallons des maisonnettes qui ne servent qu'à mettre des instrumens aratoires, et qui pour cette raison, n'ont pas été comprises dans le nombre donné.

La population d'Anduze suit généralement

(1) Voici un tableau du mouvement de la population pendant dix années.

Années.	NAISSANCES.				Total des naiss.	Mariages.	DÉCÈS.		Total des décès.
	Enfans lég.		Enf. nat.						
	Mâl.	Fém.	Mâl.	F.			Mâl.	Fém.	
1812	62	68	2	0	132	23	59	52	111
1813	77	66	1	3	147	68	58	61	119
1814	101	72	3	2	178	13	69	52	121
1815	77	79	3	2	161	36	100	88	188
1816	88	95	3	3	189	33	98	87	185
1817	97	65	3	4	169	27	74	66	140
1818	73	62	6	4	145	35	99	104	203
1819	84	92	3	3	182	40	74	74	148
1820	93	64	4	3	164	43	89	75	164
1821	84	82	5	7	178	38	64	64	128
TOTAUX.	836	745	33	31	1645	356	784	723	1507

Les conséquences qu'on peut tirer de ce tableau sont si faciles à saisir, qu'il est inutile sans doute de les indiquer au lecteur.

le culte calviniste. Le nombre de ceux qui professent la religion catholique, ne s'élève guère qu'à 1,000.

Anduze est un chef-lieu de canton dans l'arrondissement d'Alais. Il y a un Tribunal de commerce, un bureau d'enregistrement et des domaines, un bureau de poste et une école d'enseignement mutuel. C'est la demeure d'un contrôleur et d'un percepteur des contributions directes, d'un receveur à cheval des contributions indirectes, et d'un commissaire de police.

Cette ville n'a donné naissance à aucun homme illustre. Les sciences, la littérature et les arts n'ont reçu aucun progrès de ses habitans. Un seul nom vient s'offrir sous ma plume, c'est celui de M. Paulet, auteur d'un manuscrit que j'ai plusieurs fois cité, et avantageusement connu par quelques ouvrages, entr'autres par son Histoire des Champignons.

Pendant les brillantes époques de notre gloire militaire, des soldats nés à Anduze ou dans les environs, se sont distingués par leur courage; quelques-uns portent sur leur poitrine le signe de l'honneur et des marques certaines de bravoure (1).

---

(1) Parmi ceux d'Anduze, il en est deux qui se sont élevés à des grades supérieurs : le général Blanc, mort en 1820, et le colonel Chalbos, depuis long-temps en

Sur le chemin de Générargues, au bas de Pierremale, dans la gorge même et à l'endroit où le roc à pic présente une couleur rougeâtre, est une belle source qui fait aller un moulin à foulon, et qu'on pourrait peut-être employer à un meilleur usage : on l'appelle *Cantarano*, mot qu'on croit provenir de *cantus ranarum*. Avant d'arriver à cette fontaine, il y a sur la croupe de la montagne, des blocs de rochers liés par un ciment terreux et suspendus d'une manière menaçante. La sûreté publique réclame leur renversement. Au milieu du vallon de Labau, est un petit canal pour deux moulins à blé et un moulin à foulon.

Outre les sources qui fournissent les eaux de la ville, il y a sur les coteaux du Poulverel, une source abondante. Celle-ci qu'on appelle *Fontaine de Madame d'Anduze*, fournit de l'eau à quatre moulins pendant une partie de l'année. Le plus bas est sur la route de Nismes : on le nomme *la Figuière*. Il était autrefois connu sous le nom de *Moulin à papier* ; ce qui fait penser qu'il y a eu dans le temps une fabrique de papier, à l'endroit même où est le moulin. Tout près de là, est un joli rocher

---

retraite. Avant la révolution cette ville avait produit le Maréchal-de-camp Le Gras.

couvert d'yeuses, dont l'aspect au milieu du vallon, est tout-à-fait romantique. Les amateurs de ces sortes de beautés, voient avec peine la destruction de ce site charmant. Le propriétaire y a établi un four à chaux; on a déjà abattu quelques arbres.

Parmi les maisons de campagne qui couvrent le vallon d'Anduze, on distingue *Veirac*, remarquable par sa position et ses eaux abondantes qui font tourner deux moulins. Dans le vallon de Labau, on a *Prafrans* et *La Bahou* (1).

---

(1) C'est du nom vulgaire *La Bahou*, dont on a fait ensuite *La Bohou*, que j'ai pris le mot *Labau*, qui me sert à désigner un vallon. La Bahou n'est qu'une maison de campagne, ou pour mieux dire, un terroir. Ce qu'on appelle à Anduze *vallon de La Bahou* n'est pas un vallon : on n'y comprend ni *Cornadelles*, ni *Prafrans*; ce qui fait que d'un côté il n'a pas de limites naturelles.

CHAPITRE QUATRIÈME.

Des Habitans d'Anduze.

Me voici parvenu à la partie la plus difficile de mon travail. En l'écrivant, je me suis senti plus d'une fois découragé, et plus d'une fois même, j'ai quitté la plume sans savoir si je la reprendrais encore. Enfin j'ai vaincu ma répugnance ; je donne mes observations : elles ne sont pas toujours d'accord avec l'opinion que d'autres personnes se sont formée du caractère et des mœurs des Anduziens ; mais elles sont le fruit d'une étude de six années passées au milieu d'eux, et j'ose dire, dans leur intimité (1).

Parmi les nombreuses différences que l'on remarque entre les habitans d'une même contrée, lorsqu'on les considère sous le double rapport du physique et du moral, on aperçoit quelques traits qui paraissent communs à tous

(1) Dans ce que je vais dire, je prends les individus en masse. Plusieurs Anduziens ne se reconnaîtront pas dans le tableau que je vais tracer : et cela doit être, car les habitans d'une même ville ne se ressemblent pas si parfaitement, que ce qui les distingue soit commun à tous.

les individus, ou qui le sont du moins au plus grand nombre, et qui forment comme les signes caractéristiques propres à les faire distinguer des habitans d'une autre contrée. Ce sont ces traits qui constituent le caractère des différentes nations, et que les historiens font plus ou moins bien connaître. Ceux que présentent les habitans d'une seule ville, sont à peu près les traits d'un caractère national. Cependant il est des nuances qui sont propres aux habitans de chaque ville dans une même nation, et qui servent à les distinguer les uns des autres. Je vais essayer de faire connaître les habitans d'Anduze.

De leur Constitution physique et morale.— Les Anduziens présentent dans leur constitution physique et morale des signes qui caractérisent les habitans des plaines du midi de la France et d'autres signes particuliers aux montagnards. Ils forment le passage des Bas-Languedociens aux Cévenols. Ils tiennent néanmoins un peu plus de ceux-ci pour le physique et de ceux-là pour le moral. Plusieurs sont grands, ont le visage un peu doré, le nez long, le teint brun, les cheveux noirs; d'autres, et ce nombre est le plus considérable, sont d'une petite taille, un peu gros; leur tête est ronde, grosse, leurs cheveux châtains-clairs, leur teint animé. Voilà les deux types auxquels on peut rapporter la constitution physique des habitans d'Anduze. Ainsi,

On peut dire que les Anduziens sont, en général, d'une stature moyenne. Leur corps est bien constitué; ils ont les membres forts, la peau légèrement brune, la tête grosse. Leur figure est plutôt ronde qu'ovale. Ils ont les cheveux châtains, les yeux vifs, le nez court, le teint fleuri. Tous ces traits réunis leur donnent une physionomie très-animée. Leur tempérament est à la fois sanguin et bilieux; mais le système sanguin prédomine.

Le moral est plus difficile à décrire. On peut dire que, sous ce rapport, les Anduziens ressemblent beaucoup plus aux habitans de la plaine qu'aux Cévenols; ils ont de l'intelligence, mais leur esprit n'est pas tourné vers les arts d'invention. Ils offrent un singulier penchant pour imiter ce qu'ils voient faire; et dès qu'ils ont appris ce qui est généralement répandu dans leur pays, ils dédaignent toutes les autres connaissances. On ne peut citer aucune découverte utile qu'Anduze aït vu naître, ou qui soit due au génie de ses habitans.

Nés avec un heureux naturel, les Anduziens vivent presque sans ambition. Ils désirent acquérir une petite propriété pour la cultiver paisiblement : c'est là l'unique but de leurs travaux. Ils n'épargnent ni peines ni soins pour y parvenir. Toute autre ambition leur est inconnue. L'amour des arts, des sciences, de la littérature et de la gloire est le partage d'un très-petit nombre.

Les Anduziens sont, comme tous les propriétaires, amis de l'ordre et du repos. Ils sont une preuve de la vérité de ce passage de Plutarque : « Il n'y a point d'exercices ni d'occupations qui fassent naître un si ardent amour pour la paix, que les travaux de la campagne ; c'est là que l'on conserve le courage nécessaire pour défendre sa propriété, et qu'on perd cette audace et cette témérité qui portent à ravir le bien d'autrui. » On les a souvent représentés comme indociles et remuans ; on a même été jusqu'à dire qu'Anduze était un foyer d'agitation politique et religieuse. Il n'est que trop vrai qu'on y a souvent éprouvé de l'agitation ; mais est-ce bien à des idées d'ambition qu'on doit l'attribuer ? N'est-ce pas plutôt la crainte des persécutions qui leur a mis les armes à la main ? Je dois à la vérité pourtant de déclarer ici que ces craintes sont exagérées, et qu'elles entretiennent dans l'esprit des habitans d'Anduze une sorte de défiance qui leur donne un air d'embarras, et fait naître des doutes sur leur franchise. Qu'ils cessent d'être si craintifs, on les appréciera mieux et tout le monde leur rendra justice.

Cette réputation d'hommes indociles, suggérée primitivement par les partisans de la Ligue, surtout du temps de Henri IV, donna lieu sous Louis XV à une commission particulière et délicate, dont M. de Paulmy d'Argenson fut chargé. L'objet de sa mission était d'étudier le caractère et les mœurs des habitans, de les observer de près pour en rendre un compte fidèle. C'était en 1750. De retour à Versailles, M. de Paulmy dit au Roi, qui lui demandait le résultat de ses observations : « Sire, j'ai vu un peuple brave et industrieux, uniquement occupé de ses travaux et à prier Dieu pour la conservation de Votre Majesté et pour la prospérité de l'État (1). » Les guerres civiles et religieuses qui ont si souvent agité les Cévennes, ont altéré l'heureux naturel des habitans de ces contrées. Il règne une aigreur qui n'était pas primitivement dans leur caractère, et que l'esprit de secte y a fait naître. Les principes de tolérance qu'une sage philosophie a développés dans le cœur des hommes, n'ont pas tout-à-fait dissipé dans la ville d'Anduze les haines qui divisent deux religions que la charité chrétienne devrait rendre amies. Les efforts de quelques hommes sages et éclairés ont épargné des malheurs à leurs compatriotes ; mais ils n'ont pu rapprocher les esprits d'une manière franche

(1) M. Paulet ; Manuscrit de l'Hist. d'Anduze.

et solide. Faisons ici des vœux pour leur union. Que chaque citoyen qui en sent le besoin et l'utilité, y contribue à la fois par sa conduite et par ses discours. La confiance renaîtra parmi eux et ils goûteront pleinement le bonheur de vivre en paix dans un pays favorisé de la nature.

L'Auduzien est très-attaché à son pays. Il préfère aux plus belles villes, ses prairies, ses coteaux, ses rochers et surtout son Gardon. L'amour du travail, cette vertu si necessaire à l'homme, ne le quitte jamais. Il la pratique avec plaisir, et c'est un bonheur; car, dans cette contrée où la culture est en général pénible, le besoin lui en fait un devoir. Souvent le cultivateur porte dans le creux d'un rocher à une élévation considérable, un peu de terre végétale pour y planter un mûrier ou un olivier.

L'Anduzien est aussi très-attaché à sa religion. Catholique ou protestant, il a du zéle pour son culte, et se fait un honneur de le montrer. Ce zèle n'est pourtant pas propre à entretenir l'harmonie entre les deux communions. Souvent il a donné naissance au fanatisme, et l'on sait à quels excès peut porter cette passion religieuse. Un peu d'indifférence pour le culte ferait un grand bien au milieu d'une population ardente, toujours prompte à s'exalter, et capable de prendre les résolutions les plus téméraires.

Vif et gai, l'Anduzien aime le plaisir autant que le travail ; il recherche avec ardeur l'occasion de s'y livrer. Il aime la danse, les fêtes publiques et les spectacles. Le goût de la musique se fait sentir. Tout annonce depuis quelque temps, que la ville d'Anduze pourra suivre un jour le progrès des lumières; mais on est bien en arrière encore pour les sciences. Nous n'avons que des écoles primaires : les gens riches peuvent seuls faire donner une certaine instruction à leurs enfans, parce qu'il faut les envoyer dans les colléges ou les pensionnats des autres villes.

Les habitans d'Anduze sont très-intéressés. Du reste, ils ont cela de commun avec tous les habitans des Cévennes. Dans ces contrées, l'homme gagne péniblement sa vie. Ceux qui acquièrent une fortune par des moyens honnêtes, ne parviennent à ce résultat de leurs travaux, qu'à l'aide d'une grande économie, vertu qui dégénère chez le plus grand nombre et devient presque un vice. Aussi, voit-on rarement à Anduze cette sorte de générosité dans les paiemens qui est une des qualités brillantes des gens riches, et qui distingue les habitans des pays où l'argent circule sans cesse. Il m'est pénible de parler ici d'un autre défaut plus considérable. Si j'avais été le seul à l'observer, je n'en aurai rien dit, de crainte d'être dans l'erreur. Comme il est connu de tout le monde et que plusieurs Anduziens m'en ont parlé, je vais en dire un mot. « Si on me demande, disait La Bruyère, d'où vient que l'envie règne partout et qu'il y a peu de gens de quelque qualité et de quelque profession qu'ils soient, que l'on ne voie sujet à ce vice, je dirai deux choses. La première est que personne ne se fait justice à soi-même ni aux autres ; la seconde, que chacun s'estime et s'aime plus qu'il ne doit, et n'estime et n'aime pas assez les autres (1). » On voit par cette citation d'un fameux moraliste, que l'envie se glisse facilement dans le cœur des hommes. Elle paraît s'être répandue dans la ville d'Anduze. C'est à cette passion haineuse qu'on doit attribuer la médisance qui atteint un grand nombre de personnes estimables. Par elle on attaque l'honneur des familles, et l'on calomnie les plus vertueuses intentions, les démarches les plus innocentes ; enfin elle produit cette sombre défiance qui désunit les cœurs, et cette triste dissimulation qui étouffe la franchise et la bonne foi, et affaiblit ainsi toutes les vertus publiques.

Des Femmes. — Ne terminons pas ce tableau du caractère anduzien, sans parler des femmes. Que dirai-je ? Comment les peindre ? Ont-elles

(1) Les Caractères, tom. IV, pag. 299, éd. d'Elzev.

des traits qui les distinguent des autres femmes, ou bien n'ont-elles simplement que le caractère français? « Une femme se faisait peindre, dit Desmahis ; ce qui lui manquait pour être belle, était précisément ce qui la rendait jolie. Elle voulait qu'on ajoutât à sa beauté, sans rien ôter à ses grâces ; elle voulait tout à la fois, et que le peintre fût infidèle, et que le portrait fût ressemblant. Voilà ce qu'elles sont toutes pour l'écrivain qui doit parler d'elles. » Ce jugement porté par un homme de goût qui aimait les femmes et qui en était aimé, est décourageant pour celui qui a quelques mots à dire sur le beau sexe d'une ville, surtout lorsqu'il sent, comme moi, le désir de lui plaire et le bonheur de l'aimer. Je vais dire ce que je pense des femmes d'Anduze, quoique tout ce que j'en dirai ne soit pas à leur avantage. Chacune d'elles pourra, si elle le juge à propos, se croire une exception. Il y en a pour leurs défauts, aussi bien que pour leurs qualités. L'amour-propre qui ne perd jamais ses droits, les rendra toutes contentes, et j'aurai pu rendre hommage à la vérité sans encourir leur blâme.

Les Anduziennes manquent de tournure. Elles sont en général petites, un peu grosses : jolies, pour la plupart, elles possèdent rarement ces formes heureuses qui constituent les belles femmes. Elles ont de la fraîcheur, mais une fraîcheur qui se dissipe bientôt, ce qu'on doit attribuer à leur genre de vie. Leur physionomie est douce et agréable. Elles ont une sorte d'amabilité qui tient plutôt à la douceur de leur caractère, qu'aux charmes de leur esprit, en général peu cultivé.

Des Mœurs. — Des mœurs simples et douces font le bonheur des familles. On y connaît à peine les fruits du libertinage (1). La vertu y est

---

(1) On a déjà vu une preuve de ce que je dis ici, en parcourant le tableau du mouvement de la population. A Anduze, le nombre des enfans naturels aux enfans légitimes est à peu près comme 1 : 27. Il est en France comme 1 : 14 ; à Montpellier, comme 1 : 9; à Paris, presque comme 1 : 2. Ce résultat semblerait indiquer qu'il y a plus de mariages à Anduze ; le contraire a lieu. Ici, 1 mariage par année sur 142 habitans ; dans la France, 1 sur 124 ; à Montpellier, 1 sur 119; à Paris, 1 sur 83. Ce petit nombre de mariages à Anduze, joint au petit nombre de naissances *naturelles*, donnent une nouvelle preuve de la pureté des mœurs. Ils font voir aussi pourquoi la population de cette ville ne s'augmente pas dans les proportions du reste de la France.

Je crois faire plaisir à quelques personnes, en donnant un autre tableau du mouvement de la population, mais sous une autre forme. J'ai réuni pour dix années, les naissances, les mariages et les décès de chaque mois. On pourra voir ainsi quelles sont les époques de l'année qui tendent le plus à diminuer la encore puissante chez les femmes : les hommes manquant d'occasions, conservent une certaine régularité de conduite. Aussi voit-on beaucoup de ménages heureux. Cependant, au sein même de cet ordre moral, le philosophe qui le contemple avec plaisir, découvre des germes de dissolution. Il voit le luxe, cette source de grandeur et de richesses pour les États, se répandre dans la ville et dans les campagnes, et devenir à Anduze une des causes puissantes des chagrins d'un certain nombre de familles. Il observe avec une profonde douleur, que le pauvre plus que le riche, se laisse plus facilement entraîner à son charme séduisant. C'est surtout chez les femmes, que le goût du luxe est très-prononcé. Elles se livrent aux travaux les plus pénibles,

---

population, et celles qui réparent le mieux ses pertes. On verra d'ailleurs quelles différences existent, sous ce rapport, entre Anduze et d'autres villes de France. Voici ce tableau.

De 1812 à 1821 inclusiv.	Janvier.	Février.	Mars.	Avril.	Mai.	Juin.	Juillet.	Août.	Septemb.	Octobre.	Novemb.	Décemb.	TOTAUX.
NAISSANCES.	167	143	148	123	114	118	127	139	148	143	139	136	1645
MARIAGES.	33	43	33	25	27	15	12	12	25	43	43	41	356
DÉCÈS.	120	96	114	101	106	98	116	186	191	143	123	107	1507

s'imposent les privations les plus dures, pour se parer le dimanche d'une jolie robe, d'une belle coiffe ou d'un chapeau. Encore si elles s'en tenaient toutes à ces moyens honorables de satisfaire leur vanité ! Malheureusement, il est des moyens plus faciles et plus doux, et déjà quelques-unes d'entre elles en font usage. C'est aussi pour sacrifier à la vanité, que des gens, d'ailleurs dans l'aisance, ont des dettes qu'ils ne peuvent jamais éteindre sans en contracter de nouvelles. Voilà ce que j'ai vu ; je le dis hautement. Plût à Dieu que tous ceux qui ont une pareille conduite à se reprocher, trouvassent ici une leçon salutaire, et que ma plume qui les flétrit dans l'opinion publique, les fît revenir de leurs erreurs ! Le luxe ferait un grand bien, si ceux qui possèdent les grandes fortunes, vivaient tous selon leurs revenus, et que les gens peu aisés vécussent simplement ; mais il n'en est pas ainsi. On doit donc s'attendre à voir les mœurs perdre chaque jour de leur simplicité. Le malaise dans les familles fera naître des désirs coupables ; et, tôt ou tard, la corruption fera des progrès plus rapides et détruira la vertu.

Préjugés. — L'esprit humain montre ici sa faiblesse, comme partout ailleurs. J'ai vu un grand nombre de gens éclairés, surtout des femmes, croire aux charmes, aux maléfices.

Une foule de pratiques superstitieuses existent encore dans ce pays. Ces erreurs populaires sont répandues parmi les protestans aussi bien que chez les catholiques ; ce qui prouve que le peuple est à peu près le même lorsqu'il est privé d'instruction. Le merveilleux a toujours eu une sorte d'attrait pour lui : il se plaît dans ces croyances bizarres qui le transportent hors de la sphère de son intelligence, et qui l'épouvantent ou le bercent d'une espérance pleine de charme et d'illusion.

Ce que je dis ici des croyances populaires, ne s'applique pas exclusivement aux gens qui se trouvent dans les rangs inférieurs de la société. Des personnes distinguées par leur éducation et leur fortune, partagent quelques-unes de ces erreurs. Je connais plusieurs Dames qui ne feraient pas blanchir le linge de leur maison pendant le mois de mai, parce qu'une opinion superstitieuse attache à cette circonstance la mort d'un individu de la famille où cette opération se fait : cette mort doit, dit-on, avoir lieu dans le courant de l'année. L'exemple d'un grand nombre de familles où ce malheur n'est jamais arrivé, ne peut pas détruire cette crainte, et l'on sacrifie toujours à ce préjugé comme à tant d'autres.

Usages. — Les coutumes et les usages de ces pays, ne sont point particuliers aux habitans;

on les observe ailleurs comme à Anduze. Aucune fête publique ne caractérise notre ville; on n'y voit jamais de ces réjouissances qui attirent dans certains lieux toutes les populations voisines. Je dois pourtant faire mention du lundi de Pâques. Ce jour-là, un grand concours de monde se rend à Tornac, sur le chemin de Nismes, dans l'endroit appelé la Madeleine, à une demi-lieue d'Anduze. C'est une fête pour toute la contrée; les trois quarts des habitans de la ville s'y rendent. On y voit des parures élégantes; c'est le *Longchamp* du pays. Quoiqu'on n'y trouve rien d'agréable, on ne laisse pas que d'y aller chaque année, et depuis fort long-temps. Autrefois c'était un lieu de délices. Les vieillards parlent encore avec enthousiasme des anciens jardins de Tornac, et versent quelquefois des larmes sur cette perte (1). Le temps, malgré la destruction de ce qu'il y avait de plus beau dans ces lieux, y a consacré l'usage d'une promenade publique qui attire annuellement cinq à six mille personnes. Il y a des danses champêtres, au son des violons et des hautbois.

A d'autres époques, il y a aussi dans la campagne des fêtes qui attirent un grand nombre

(1) M. Paulet en a fait une description dans son Histoire d'Anduze; j'ai cru qu'il était inutile de la consigner ici.

d'habitans d'Anduze. On peut citer le premier dimanche de mai, à Gaujac, lieu charmant sur la rive gauche du Gardon. Le joli vallon de Générargues est le rendez-vous le plus brillant après celui de Tornac : il est fixé au premier dimanche d'août. Les autres ne méritent aucune mention particulière.

Des fêtes publiques passerai-je aux funérailles ? Dirai-je qu'on accompagne l'homme à sa dernière demeure avec un appareil lugubre et sans pompe ? Trente ou quarante hommes couverts d'un manteau noir, suivis d'un grand nombre d'autres en habit de travail, forment les convois funèbres. On part en silence de la maison du défunt, et l'on arrive ainsi jusqu'au cimetière, ou dans le lieu de l'inhumation (1). Dès que le cercueil est recouvert de terre, on revient sur ses pas, et l'on suit encore dans le même ordre, le même chemin. Les catholiques y joignent les chants et les prières de leur culte consacrés par l'Église pour cette cérémonie.

Un usage pénible pour les parens du défunt,

---

(1) On inhume fort peu au cimetière ; il semble que ce soit un déshonneur. On détruit ainsi le respect dû aux tombeaux, parce que les propriétés où chacun enterre les siens, changeant de maître par la suite, n'acquièrent jamais le caractère mélancolique et sacré qui distingue l'empire de la mort et du néant.

c'est de recevoir les visites de tout le monde. A peine trouve-t-on quelques personnes qui ne se soumettent pas à cette coutume. Je les plains; je crois que, dans de pareilles circonstances, les seuls amis peuvent donner des consolations : les indifférens ne peuvent occasioner que de degoût.

Laissons les idées affligeantes ; occupons maintenant notre esprit d'images gracieuses : parlons d'hymen, de ce jour qui, pour la plupart des hommes, décide du sort de la vie. Depuis peu de temps on a introduit ou renouvelé peut-être l'usage d'orner de fleurs et de verdure la porte de la maison nuptiale. On appelle cela, faire un arc de triomphe; honneur qu'on ne prodigue pas à tout le monde. On place au milieu une devise, qui est ordinairement un quatrain à la louange de la jeune épouse, et le fruit de la verve de quelque Anduzien. Les voisins font une espèce d'illumination. Le peuple s'y porte en foule pour jouir de ce spectacle.

Costume. — Le costume des Anduziens n'a rien de particulier; c'est celui d'une grande partie des habitans du midi de la France. Il suit les caprices de la mode, qui, dans cette ville, a beaucoup d'empire sur toutes les classes de la société. En général, on ne se met pas bien journellement; mais aussi le dimanche est un jour brillant pour la parure. Les hommes moins soumis aux préjugés du rang, suivent plus que les femmes, ce qu'on appelle le bon genre. Les femmes des classes inférieures, et surtout les jeunes filles, portent toute la matinée, et souvent tout le jour, une coiffe en toile peinte, appelée *cagnotte*, qui leur va très-bien. Elles plaisent davantage avec cette simple coiffe de nuit, qu'avec leur belle coiffure du dimanche. Presque toutes portent au cou un signe qui fait connaître à quelle religion elles appartiennent. Les catholiques ont une croix d'or; les protestantes, une croix-de-Malte ou un Saint-Esprit.

Langue vulgaire. — Les Anduziens joignent à des manières douces et prévenantes, un langage tout-à-fait gracieux, et qui présente, selon moi, une des plus agréables nuances de l'idiome languedocien, régardé comme le plus beau de tous ceux qu'on parle encore dans le midi de la France (1). Son usage, il est vrai, s'affaiblit

(1) Cette langue vulgaire est pleine de beautés. Ceux qui la connaissent depuis leur enfance, aiment à lire les Œuvres de Goudelin ou Goudouli, les productions du Prieur de Pradinas (Claude Peyrot), celles de l'Abbé Fabre, d'Auguste Tandon, d'Aubanel, de Martin fils, etc. Je crois faire plaisir aux amateurs, en donnant ici un extrait d'un poëme inédit sur les fontaines d'Anduze,

tous les jours; la langue française, au contraire, se répand davantage. Il y a maintenant fort

---

que nous devons au modeste et spirituel M. Relhan. On y trouve ce tour aisé qui caractérise les vers heureux.

Le poète, après avoir exprimé l'étonnement de ceux qui virent naître les sources de nos fontaines, fait tenir ce discours à un jeune enfant qui habitait ces lieux, et auquel on demandait s'il connaissait la cause d'un si grand événement.

Per satisfâire vostre envejho,
Me câou renouvela, Messius,
Uno doulou que me lancejho
É m'a dejha mes à noun plus.
Moun cor se briso de tristesso
Chaco fes que pense à la fi
De Tirsis é de sa mestresso,
É me semblo que vâou mouri.
Pouli Tirsis! bêlo Silvîo!
Parel amourous é charman!
Vostre malur me desavio.
Câou m'aourié di quan trepavian
En l'inoucenço d'âou jhôune âjhe,
Que din tan pâou vous plourarian!
Cruel Amour, à toun ouvrâjhe
Se counôui be que siés michan!
Sans el tou lous asseguravo
De l'aveni lou pus urous,
É se degus lou meritâvo,
O! sans doute, qu'es eles dous.
Aquelo beouta de l'Asio,
Tisbé, que la fablo a canta,
Poudié ben égala Silvîô,
Mé segu la passâvo pa.
Sé la poulidié de Pirâmo,
Éro coumo la de Tirsis,

peu de gens dans ce pays, qui ne la comprennent pas du tout. Il y en a beaucoup qui la

---

M'estoune pas pus se lus flâmo
Encâro viôu din lous escris.
Quan lejhissian aquelo istoîro
Silvio é Tirsis me dizieôu :
N'âoutres partajharen la gloiro
De nous aìma coumo fazieôu.
Hélas ! érou be lien de creire
Qu'âourieôu tan be lou même sor,
É ieôu qu'âi lou malur d'ou veire
Nou creziêi pa noun plus alor.
Las Ninfos d'aquesto mountâgno,
De veire que tant de beouta
Din chacun d'eles accounpâgno
Tan de vertu, tan de bounta,
En las Ninfos de la campagno
A lus jhos venieôu se mescla ;
Quant érou toutes en counpagno
Aviêi peno à lous distinga.
L'Amour, noun pas aquel voulâjhe
Que jhamâi be noun faghé res,
Me lou qu'es tendre autant que sajhe,
L'Amour y venié caôucos fes.
Coumo de l'Hymen es bon frêro
Enbe plezi lou ressavieôu ;
Mé per lou bandi de Cithêro
Quan l'âi venié, lou fujhissieôu.
Po s'en ana, disié la bêlo,
Aôumen, Tirsis, lou prenghen pa,
Enbe sa testo sans cervêlo
Es pa bo que per tou gasta.
Qu'aviéz resou, ma poôura amîgo,
De cregue aquel trêno-malur,
Per sa maliço é soun intrîgo
Avés perdu vostre bonur.

parlent, mais mal. L'accent est détestable, et il semble qu'on ne s'en aperçoit pas; puisque

---

Après ce joli morceau, je citerai encore un fragment d'un pièce fugitive d'un autre poète anduzien.

Es lou souer à la veîado,
Que fâou entendre canta
La Ninfo embe la Naïado
Ia de que s'estazia.
Es pas res de vous ou dire,
Venés-i las escouta.
An un ér ! un dous sourire !
Ah! sou fâchos per charma !

L'auteur, M. Cahours, fait aussi de jolis vers français, connus seulement de ses amis et que le public lirait avec plaisir. Voici une de ses productions sur des *bouts-rimés :* c'est un songe. Je choisis ce morceau, parce qu'il est fort court et que je ne devais pas m'occuper dans cette note de poésie française.

J'ai rêvé cette nuit que je chantais... Minerve.
O Dieux ! je possédais la lyre d'...Apollon.
Muses, du feu divin, vous embrasiez ma... verve.
Quel bonheur! avec vous j'habitais l'...Hélicon.
L'Hypocrêne arrosait une belle... contrée.
Mais..., Quoi !... Tout disparaît ? Deux invisibles... mains,
Me retiennent captif et me ferment... l'entrée,
De ces lieux d'où Phébus brille sur les... humains.

Voici comment ces bouts-rimés furent remplis par M. Saltet, directeur de l'enseignement mutuel de cette ville.

Halte-là, mon esprit ! En dépit de... Minerve,
Oserais-tu prétendre au laurier d'...Apollon ?
Eh! rimailleur, c'est de ta dure... verve,
Qu'on rit sur le mont... Hélicon.

on ne ne cherche point à imiter le petit nombre de ceux qui parlent assez bien, et dont l'accent a quelque pureté.

Après avoir parlé de la constitution physique des Anduziens, de leur caractère, de leurs mœurs, de leurs usages et de leur langue, il est nécessaire de décrire leur genre de vie. On conçoit qu'il n'est pas le même pour tous; et comme il dépend en général des travaux auxquels on se livre, il est tout naturel de parler de l'industrie. J'en ferai connaître l'ensemble par un tableau de toutes les professions et du nombre de ceux qui les exercent. Quelques détails sur les alimens et les boissons vont précéder cet article important. Je ne dirai rien de

---

Vers son temple fameux, l'honneur de la... contrée,
Ta muse élève en vain ses... mains.
Les neufs Sœurs pour jamais t'en défendent... l'entrée,
Et Pégase et Phébus sont pour elle in...humains.

M. Saltet réussit assez bien dans l'apologue. C'est le genre de poésie auquel il se livre de préférence, et qui convient le mieux à la tournure de son esprit.

On me pardonnera facilement de m'être laissé entraîner à de longues citations. Les unes donnent une idée du langage du pays; toutes prouvent que la ville d'Anduze possède des littérateurs qui ne sont pas sans mérite. Si je voulais épuiser cette matière, j'en aurais d'autres à citer; mais ce n'est pas ici le lieu. J'espère qu'ils publieront un jour leurs productions.

l'influence réciproque des causes physiques et morales sur la nature de l'homme en général et sur l'habitant d'Anduze en particulier. Ces recherches philosophiques ont occupé des génies du premier ordre ; on peut lire dans leurs ouvrages le résultat de leurs méditations. Je me bornerai à parler quelquefois, comme je l'ai fait jusqu'ici, de certains effets de cette influence, en indiquant les causes probables, et je m'attacherai surtout à donner des faits plutôt que des idées.

Alimens. — Les alimens dont on fait usage à Anduze, sont en général d'une bonne qualité, mais en petit nombre ; ce qui vient des habitans et non du pays, dont les productions seraient aussi nombreuses qu'excellentes, si on le voulait. Le pain pourrait être meilleur ; on ne donne pas assez de soin aux préparations qu'il exige. Il est presque toujours chargé de molécules terreuses.

Parmi les viandes de boucherie, on ne peut guère citer d'excellent que le mouton, et même encore pas toujours. L'agneau n'est pas trop bon; il est d'ailleurs rare. Le bœuf est rare aussi et mauvais : le plus souvent on tue des vaches, dont la chair, comme on sait, n'est pas comparable à celle du bœuf. Le veau n'est pas commun ; il est sec ordinairement. On a d'excellens cochons engraissés avec des châtaignes et des glands. Les habitans d'Anduze aiment beaucoup cette chair, soit fraîche, soit salée. Ils en font un abus qui me paraît être une des causes puissantes des maladies humorales (1), fort communes dans ce pays. Pendant quatre ou cinq mois de l'année, on mange du chevreau, et on en fait une très-grande consommation.

La volaille est rare, mal engraissée; ce qui est inévitable dans un pays qui manque de grains. Les poulets sont ordinairement étiques ; les chapons rares. Les dindes sont assez bonnes; on en élève dans les environs, et il nous en vient de Mende. C'est de là aussi, qu'on nous apporte quelques oies. On n'a presque point de canards. Cependant on pourrait en nourrir beaucoup sur les bords du Gardon. Les pigeons ne sont pas très-communs.

---

(1) A ce nom d'*humorales* donné à certaines maladies, je crois voir sourire quelques-uns de mes honorables confrères. Qu'ils ne se pressent pas de juger l'auteur : il n'est point *humoriste*, il n'est pas non plus *solidiste;* il n'appartient à aucune secte. Ami de la nature et de la vérité, il suit *tout bonnement* la marche tracée par les grands observateurs, et se conforme à leurs méthodes sans se livrer à des spéculations théoriques. Beaucoup de praticiens appellent encore maladies *humorales*, celles dans lesquelles il paraît se faire une dépuration de sang et des autres humeurs; telles sont les dartres, la teigne, les écrouelles, etc. Je veux parler de celles-là.

Le gibier est bon, mais rare. Nous avons des lièvres, des lapins délicieux, des perdrix rouges, et parmi les oiseaux de passage, d'excellens canards, des sarcelles, des bécasses, des coucous, des cailles, des bécassines, des loriots, des grives, des tourdes, des merles, etc. Il est encore d'autres oiseaux, moins estimés parce qu'ils sont plus petits, et qui ne sont pas indifférens. On peut citer, parmi ceux-ci, les alouettes, le torcol, le joli martin-pêcheur, le cublanc, le becfigue. Ces oiseaux ne sont pas les seuls que l'on mange dans ce pays. D'autres espèces et même très-estimées, paraissent de temps en temps sur la table des riches et sur celle des chasseurs. On distingue les vanneaux, les pluviers, les râles, les huppes, les tourterelles, les ortolans. Les petits chasseurs s'amusent aux moineaux, aux verdiers, aux pinsons, aux linottes, aux chardonnerets, aux mésanges, aux rossignols, aux bergeronnettes, aux rougegorges et même aux roitelets. Plusieurs de ces espèces, et d'autres encore que je ne nomme point, ne sont pas à dédaigner.

Le Gardon, quoique très-poissonneux, ne nous fournit qu'un petit nombre de bonnes espèces de poissons. Au premier rang, je mettrai la truite, un peu trop rare pour les amateurs. Vient ensuite la fine anguille; puis deux espèces de barbeaux, dont l'une appelée *tourgan* dans le pays, mérite une mention particulière. On peut encore citer la loche, petit poisson très-délicat. On en mange de très-mauvais; le meunier est de ce nombre.

On nous apporte quelquefois du poisson de mer qui est rarement frais. Les principales espèces sont : le merlan, le loup, le muge, la dorade, le thon et l'anguille. Le coquillage appelé *lavignon* ou *clovis*, nous parvient en grande quantité. Nous sommes privés du délicieux rouget, de la fine sole, du pagel, du maquereau, de la langouste, des huîtres, et d'autres encore.

Les alimens tirés du règne végétal sont très-peu variés. J'ai déjà parlé du pain. Le bas peuple prépare avec la farine de maïs une espèce de bouillie, appelée *pouténto*, et dont il fait un grand usage quand le blé est cher. On mange des pâtes de Gênes, du riz, du gruau. Avec ces deux dernières substances, on prépare une bouillie qu'on fait cuire au four, et que les Anduziens aiment beaucoup : ils l'appellent *cassôto*, du nom de l'ustensile qui le contient. On a des légumes secs, tels que pois, pois-chiches, fèves, haricots, lentilles. Parmi les plantes potagères, on cultive des choux, des courges, des concombres, des ognons, des carottes: les autres légumes d'un usage moins général, sont les épinards, l'oseille, les artichauts, les asperges, les cardes, les petits pois, les haricots verts, les fèves de marais, les aubergines, les bette-raves, les pommes d'amour, les poirées. On cultive aussi le navet et la rave. On mange beaucoup de pommes de terre, qui du reste viennent très-bien et sont fort bonnes.

Les arbres fruitiers ne manquent pas; mais on est fâché de ne voir que des sauvageons, parmi certaines espèces qu'on pourrait rendre fort bonnes en les greffant. Il y a à cet égard une indifférence inconcevable.

Les fruits les plus abondans et les plus utiles que l'on ait à Anduze, sont les châtaignes et les raisins. Les châtaignes sont un très-bon aliment. On en récolte beaucoup dans les environs. On les fait sécher, et c'est ainsi qu'elles servent de principale nourriture aux habitans de la campagne et à une partie de ceux de la ville, pendant cinq ou six mois. Nos marrons valent bien ceux de Lyon et du Dauphiné. Parmi les raisins on compte un grand nombre d'espèces, ou pour mieux dire, de variétés. Je citerai le *piran*, reconnu pour être le meilleur, le *téret*, l'*uyâdo*, le muscat et le chasselas. Les figues sont délicieuses, surtout celles dites de *Versailles*, de *Jérusalem*, de la *Monnaie*, de *Marseille* ou *Blanquettes*. Nous avons beaucoup de cerises, beaucoup de prunes, mais en général de mauvaise qualité.

Les bonnes poires sont rares; les pommes

assez communes. L'abricot est rare aussi, de petite espèce, et peu succulent. Il en est de même de la pêche. Au lieu de se procurer la bonne qualité de cet excellent fruit, on se plaît à soigner des arbres qui ne donnent que des pavies, mauvaises pour la plupart. Il y a fort peu d'amandes, de noisettes et de groseilles, encore moins de noix. Ce dernier fruit nous est apporté de la Lozère, où le noyer est très-répandu. On cultive peu le melon; et puis on en trouve rarement, qui aient cette agréable saveur qui distingue les espèces de Cavaillon et de Pézenas. Les fraises sont délicieuses, mais en fort petite quantité. Il y en a dans les environs à l'état sauvage, qui ont plus d'arome que celles des jardins. On nous apporte quelquefois des oranges d'Espagne et de Provence. Il est presque inutile de parler des fruits du sorbier, du mûrier noir, du micocoulier, des différentes espèces de ronces, de l'azérolier; ils sont presque sans valeur. Je ne dois pas mettre au même rang le cognassier dont le fruit bien préparé donne une fort bonne confiture, ainsi que la citrouille qui dans ce pays sert au même usage.

Les œufs, le lait et le miel fournissent encore d'assez bons alimens. On mange de petits fromages frais, rarement du beurre. On se sert pour la cuisine d'huile d'olive qui est fort bonne, et l'une des meilleures récoltes du pays. Le commerce nous procure quelques alimens dont l'usage est très-répandu, tels sont les fromages d'Auvergne, la morue, les anchois, le chocolat, etc.

Je finirai cet article par dire un mot de deux substances nutritives que l'on trouve dans les environs d'Anduze, et que leur parfum et leur goût délicieux rendent chères au gastronome. Lecteur, vous m'avez déjà deviné. Plus d'une fois sans doute vos sens agréablement excités par l'odeur des truffes et le goût de l'oronge, vous ont procuré de douces jouissances. Gardez-vous pourtant de vous y abandonner. Ces alimens sont indigestes. Les champignons surtout doivent éveiller votre prudence : il en est un si grand nombre qui menacent notre vie, et qui ressemblent aux espèces dont l'expérience a fait reconnaître la bonté (1) !

---

(1) On ne sera pas fâché de trouver ici quelques connaissances générales qui peuvent diriger dans le choix des champignons, et fournir au besoin des moyens simples et faciles pour remédier d'une manière prompte aux funestes effets des espèces vénéneuses.

Les mauvais champignons croissent dans les lieux humides et ombragés ; leur surface est un peu sale, molle, ainsi que leur pédicule ou tige ; ils sont lourds, exhalent une odeur nauséabonde ; coupés et exposés à l'air, ils bleuissent ou présentent plusieurs couleurs, ou changent de nuance. Malgré ces signes, on peut encore se tromper.

Boissons. — On ne fait usage pendant le repas, que de deux sortes de boissons ; l'eau et le vin. On ne connaît ni le cidre ni le poiré. La bière, l'eau-de-vie, les liqueurs spiritueuses, le café et le thé ne sont employés que par un petit nombre de personnes. Je devrais pourtant en excepter l'eau-de-vie, qui trouve beaucoup d'amateurs. Pendant l'automne et l'hiver, il y a beaucoup de gens qui boivent de la piquette faite avec de l'eau et du marc de raisin. Cette boisson un peu acide, conviendrait bien mieux dans les autres saisons ; mais elle ne se conserve pas.

Le vin d'Anduze est léger et d'un goût assez agréable. On ne le laisse pas vieillir ; on le boit dans la première et la seconde année, parce qu'on croit qu'il se conserve difficilement. Les amateurs de bon vin vieux fournissent leurs

---

Dans les cas d'empoisonnement, il faut de suite faire vomir ; puis donner, par cuillerées, une potion huileuse purgative et quelques lavemens pour produire le même effet. Dès qu'on a évacué, et qu'il ne reste plus de champignons dans le tube digestif, on donne quelques cuillerées d'une potion calmante et beaucoup d'eau sucrée ou de gomme. Il ne faut pas se fier au vinaigre, à l'eau salée ou éthérée, au lait, etc. ; tant que les champignons sont dans l'estomac, ces moyens ne seraient d'aucun secours.

caves des qualités de Saint-George, et autres vins des environs de Montpellier ou de Nismes. Celui du pays est pour eux le vin d'ordinaire, et ils n'en gardent point pour faire honneur à leur table. Les vins de luxe parviennent en très-petite quantité à Anduze. Il serait aisé de compter les maisons où l'on en sert quelquefois.

Les eaux sont bonnes, quoique un peu chargées de principes calcaires. Prises aux sources, elles sont très-agréables et très-fraîches pendant les fortes chaleurs. Elles perdent en partie cette dernière et utile qualité, en passant dans l'aqueduc qui n'est pas assez profondément placé sous terre.

Les Anduziens suivent encore l'ancienne coutume de trois repas par jour. Quelques maisons seulement suivent l'usage de Paris. Ceci confirme cette idée que les habitans des petites villes tiennent bien plus à leurs habitudes, que ceux des grandes villes; car déjà à Montpellier et à Nismes, qui sont à la même distance de la capitale qu'Anduze, une grande partie de la population déjeûne à dix heures et dîne à cinq. Le mot *souper* n'est plus aujourd'hui qu'une vieille expression, qui rappelle le bon vieux temps.

Il ne m'a jamais paru que les habitans d'Anduze fussent de grands buveurs, ni de grands mangeurs; ils sont en général sobres. Ils boivent du vin, mais ils n'en abusent pas. Les femmes, pour la plupart, n'en boivent pas du tout. Les ivrognes sont connus de tout le monde, et cités en exemple comme devant mourir jeunes, ou parvenir à une vieillesse anticipée et accablés d'infirmités, avant l'âge qui les amène naturellement.

Industrie. — Il est difficile de bien classer les professions. Elles ont toutes un but commun, celui de satisfaire nos besoins et nos goûts. On peut les diviser en deux grandes classes ; les professions utiles et les professions de luxe. Cette division philosophique présenterait encore des difficultés. Ce qui est utile aujourd'hui ne l'était pas jadis ; et même on joint le luxe à ce qui est utile. Les besoins, les goûts des nations changent sans cesse. Un mouvement irrésistible nous entraîne ; il faut suivre les progrès de l'esprit humain, sans trop savoir où ils peuvent nous conduire. Vainement cherche-t-on à s'opposer à cet ordre naturel ; on n'a jamais empêché les empires de changer souvent de face, de s'élever et de s'anéantir. Rien n'est immuable ; tout ce qui commence doit finir, tout doit disparaître un jour. Qu'est devenue cette savante Égypte, le berceau des sciences et des arts ? Ce n'est plus aujourd'hui qu'une terre presque déserte et abandonnée. La Grèce, cet empire jadis si brillant, cette fédération de républiques illustres, n'est depuis bien des siècles, qu'un pays recommandable par ses souvenirs et ses malheurs. Et Rome ! il ne nous reste de cette ancienne capitale de l'univers, que des monumens en ruines.

Je divise les professions exercées à Anduze, en sept classes, sous les désignations suivantes : *Agriculture*, *Commerce*, *Entreprises*, *Arts*, *Métiers*, *Manufactures* et *Fabriques*. Je vais dire un mot de chacune d'elles pour faire connaître l'industrie des habitans.

Agriculture. — Cette branche de l'industrie occupe un grand nombre d'Anduziens. Il est même peu d'individus qui ne soient pas agriculteurs ; presque tous sont propriétaires. Ceux qui exercent une profession de commerce, d'art, de métier, etc., suspendent parfois leurs occupations, pour se livrer aux travaux de la campagne : ainsi, la population est essentiellement agricole.

On cultive dans le terroir d'Anduze, le mûrier, l'olivier, la vigne, quelques céréales, des arbres fruitiers et des plantes potagères, dont j'ai déjà fait mention en parlant des alimens. On a de belles prairies artificielles et quelques bois de chênes. Pierremale et Saint-Julien fournissent à des bêtes à laine de très-bons pâturages.

L'agriculture n'est pas ici l'objet d'une étude. Chaque cultivateur fait ce qu'il a vu faire, et s'occupe peu des perfectionnemens de son art. Il ne met pas en usage les nouveaux procédés ; il suit une espèce de routine, se laisse souvent entraîner à des préjugés qui gênent ses travaux, et l'empêchent d'entreprendre d'autres cultures dont il pourrait enrichir son pays.

Commerce. — Il y a environ quatre-vingts maisons de commerce, qui peuvent occuper une centaine de familles. Sur ce nombre, on compte dix négocians ; les autres sont marchands.

Ce commerce consiste principalement en soieries, bas de coton, laines, toiles, draps, étoffes de laine, de bourre de soie, chapeaux, épiceries, grains, vins et eaux-de-vie. On verra bientôt quelles sont les marchandises que nous exportons et celles qu'on nous apporte : celles-ci sont plus nombreuses.

Entreprises. — J'ai mis sous le nom général d'*entreprises*, les professions que je n'ai pu classer parmi les autres : telles sont celles d'entrepreneurs de travaux publics, d'aubergistes, cafetiers et voituriers. Elles occupent ici une quarantaine de familles.

Arts. — Je comprends sous ce titre les arts libéraux et les beaux-arts. Ils n'occupent pas plus de monde que les entreprises : douze seulement sont pratiqués à Anduze.

Métiers. — Nous avons trente-cinq espèces de métiers. Ils emploient environ deux cents familles. Des détails à cet égard sont tout-à-fait inutiles, parce que les métiers qu'on exerce à Anduze sont ceux que l'on trouve dans toutes les petites villes.

Manufactures. — Nous comptons trois sortes de manufactures, celle de bas de coton, les filatures de soie, et les manufactures d'étoffes qui forment ici trois branches principales : étoffes de bourre de soie, toiles, et étoffes de laine; celle-ci se subdivise encore en trois.

Les manufactures occupent environ deux cents personnes toute l'année, et plus de neuf cents pendant trois mois.

Nous avons à peu près cent vingt métiers à bas qui occupent autant d'ouvriers, parmi lesquels il en est plusieurs dont l'ouvrage peut être comparé à ce qu'on fait de plus beau dans les villes voisines.

Les filatures sont au nombre de douze. Elles ont en tout à peu près trois cents tours. Dans quelques-unes on se sert de machines à vapeur, inventées par M. Gensoul, de Bagnols. Les filatures occupent environ sept cents personnes, et sont en activité depuis le mois de juin jusqu'au mois de septembre.

Fabriques. — Huit sortes de fabriques sont établies à Anduze. Elles forment vingt-quatre maisons d'industrie qui emploient plus de cent soixante personnes. La principale de ces fabriques est celle de chapeaux. Plusieurs fabricans rivalisent entre eux, pour soutenir la réputation de fournir des chapeaux qui valent bien ceux de Lyon; mais peut-être pas ceux de Paris, distingués par un beau noir. Nous avons depuis peu une fabrique de chapeaux de soie. Toutes ces fabriques occupent environ cent vingt personnes.

Anduze est connu pour fournir de grands vases à tous les départemens voisins. Deux fabricans font cette prodigieuse quantité qu'on expédie tous les jours. Les autres genres de fabrique sont d'une moindre importance, comme celles d'eau-de-vie, de chandelles, de potasse et de chaux. Nous avons plusieurs tanneries et une fabrique de colle forte qui mérite une mention particulière. Il est des personnes qui la mettent au-dessus de celles de Saint-Hippolyte qu'on estime beaucoup, et qui d'ailleurs sont dignes de leur réputation.

Genre de vie. — On sait que le genre de vie n'est pas le même pour tous les habitans d'une seule ville. Il dépend pour chacun d'eux de la profession qu'il exerce, et j'ai déjà donné à cet égard, tous les détails nécessaires. Peut-être se trouvera-t-il parmi mes lecteurs, des personnes qui se plaisent à s'instruire des moindres particularités sociales d'une classe d'individus. Je suis bien fâché de ne pouvoir les satisfaire; et puis je n'aurai rien à leur apprendre. Toutes les petites villes se ressemblent beaucoup. M. Picard en a fait la critique d'une manière charmante, et l'on serait bien téméraire, sans doute, d'ajouter quelques traits à son joli tableau. Ainsi, occupons-nous de choses plus utile est sur lesquelles on n'a encore rien écrit.

De la Santé des Anduziens et de leurs Maladies. — Ce que j'ai à dire sur cet article, se réduit à fort peu de chose, quoique le sujet soit de la plus grande importance. Il eût été déplacé de parler longuement de médecine dans un ouvrage de la nature de celui-ci. On a pensé, au contraire, qu'un petit nombre d'observations générales suffirait, et l'on a renvoyé à un autre ouvrage tout ce que cette matière exige d'un auteur qui veut être utile à l'humanité, et faire pour ceux de ses confrères qui lui succéderont dans la pratique, ce qu'il aurait voulu que ses devanciers eussent fait pour lui.

Le climat d'Anduze est propre à entretenir chez les habitans une belle santé. Il est éloigné de ces excès de chaud, de froid, d'humidité, de sécheresse, qui sont des causes puissantes de maladies. Toutes ces qualités de l'atmosphère s'influencent réciproquement : aucune n'a un empire décidé. Aussi les constitutions médicales sont-elles peu prononcées, et voit-on rarement beaucoup de malades à la fois. Cependant, qu'on ne croie pas que, sous ce climat heureux, l'homme vive plus long-temps que sous des climats moins tempérés. On citerait à peine un centenaire par génération (1).

Les affections scrofuleuses et rachitiques, les dartres, les maux de dents, les ophthalmies,

---

(1) Il n'est pas rare de voir à Anduze des vieillards qui ont plus de 90 ans. Nous en avons actuellement plusieurs, et notamment deux qui approchent de la centième année de leur âge. Madame Salles, mère de notre curé, a 99 ans. Je vais donner un tableau qui prouve ce que j'avance, et dont on pourra tirer quelques connaissances d'un plus grand intérêt.

Années.	DÉCÈS.									Total des décès.
	de la nais. à 1 an.	de 1 an à 2.	de 2 ans à 10.	de 10 ans à 20.	de 20 ans à 45.	de 45 ans à 70.	de 70 ans à 80.	de 80 ans à 90.	de 90 ans à 100.	
1812	22	13	13	3	9	27	16	7	1	111
1813	20	10	15	4	18	20	17	14	1	119
1814	37	15	10	4	17	19	12	7	0	121
1815	41	26	46	8	20	16	23	7	1	188
1816	46	11	23	12	19	43	24	6	1	185
1817	31	14	16	7	17	31	18	5	1	140
1818	32	35	43	11	18	34	18	11	1	203
1819	45	16	26	2	13	31	8	7	0	148
1820	50	21	13	6	15	36	13	9	1	164
1821	27	13	13	6	17	31	18	3	1	128
Totaux	351	174	218	63	162	288	167	76	8	1507

Pendant ces dix années, il n'est mort à Anduze aucun centenaire. Le vieillard le plus âgé des huit que l'on trouve dans la neuvième colonne du tableau, avait 96 ans.

les douleurs rhumatismales vagues, les catarrhes, sont des maladies très-communes à Anduze et dans toute la contrée. Le vice scrofuleux surtout désole un grand nombre de familles. Il produit beaucoup de phthisies pulmonaires, et chez les enfans il donne naissance au carreau, maladie très-souvent mortelle. Il produit aussi des ophthalmies chroniques, incurables pour la plupart. Cette dernière maladie qui entraîne quelquefois la perte de la vue, change bientôt une jolie figure et laisse presque toujours des traits qui la rendent hideuse. On a de la peine à concevoir l'indifférence que l'on met dans le traitement des affections scrofuleuses. On est, étonné de trouver des gens qui croient qu'on les insulte, parce qu'on leur dit qu'ils sont atteints d'une de ces maladies. Le mot *écrouelles* les fait frémir. Aucun d'eux ne s'en croit affligé. Tous pensent que leurs affections morbides sont d'une autre nature, et cependant ces mêmes personnes ne parlent que d'*humeurs*. On dirait, à les entendre, qu'il n'y a que trois sortes de maladies, les *vermineuses*, les *bilieuses* et les *humorales*. Les humeurs surtout jouent un grand rôle. Le médecin observateur qui rejette tous les systèmes, toutes les hypothèses, voit avec dégoût les anciennes erreurs circuler parmi le peuple, et avec peine de nouvelles erreurs qu'on cherche à introduire. Pauvre peuple, c'est ainsi que tu as été et que tu seras vraisemblablement toujours la dupe des charlatans de toutes les espèces !

Le plus ancien médecin dont les ouvrages soient parvenus jusqu'à nous, avait observé l'influence des saisons sur la santé, et déterminé ce que nous appelons *Constitutions médicales.* C'est dans son immortel *Traité des airs, des eaux et des lieux* que sont consignés les fondemens de cette doctrine, sanctionnée par toute l'antiquité et par les temps modernes. Il résulte de tout ce qu'on a écrit sur cet intéressant sujet, que les maladies d'une même époque présentent des phénomènes qui les lient entre elles ; qu'elles doivent presque toutes leur naissance à une cause générale de l'atmosphère ; qu'elles réclament un seul traitement, modifié selon les circonstances particulières, dont l'appréciation est la plus grande difficulté de l'art. Ce que j'ai observé à Anduze me conduit à penser que les maladies régnantes sont ou *catarrhales* ou *inflammatoires*, ou *bilieuses* ou *muqueuses.* Elles ne se présentent pas toutes régulièrement chaque année ; cela dépend des saisons qui sont plus ou moins régulières. Le génie catarrhal est celui dont l'empire est le plus prononcé ; aussi beaucoup de maladies se guérissent-elles par les sueurs. Le génie inflammatoire se présente quelquefois ; il se fait sentir lors du passage de l'hiver à l'été, qui forment les deux grandes saisons médicales, les seules dont l'influence soit ordinairement durable. On doit alors employer les saignées dans le traitement des maladies; mais leur usage, dans d'autres circonstances, peut être suivi des plus grands dangers. Le génie bilieux n'est pas toujours très-apparent : j'ai vu pourtant des étés pendant lesquels il a produit des fièvres ardentes. Les affections muqueuses sont aussi rares que les maladies inflammatoires dites légitimes; elles se montrent à de longs intervalles et semblent le disputer faiblement aux fièvres catarrhales. L'influence de ces quatre élémens morbides détermine des maladies composées qui embarrassent souvent le praticien.

Vers le commencement de l'automne, les fièvres prennent parfois un caractère typhoïde qui alarme beaucoup le peuple. Il les appelle alors *Mâou-câou*, ou *Malandro*. Cette complication qui rend malignes et putrides les maladies générales, disparaît avec l'hiver. Au printemps, on n'en rencontre presque plus. A ces affections succèdent les fluxions de poitrine, catarrhales ou inflammatoires : elles sont très-communes et rarement mortelles, quand elles sont bien traitées. Les maladies vermineuses se montrent dans toutes les saisons, et plus particulièrement chez les enfans comme dans ous les pays.

Depuis 1816, je n'ai vu qu'une seule fois la petite vérole, et c'est pendant l'année 1822 ; à peine se montra-t-elle deux fois dans une commune voisine, que l'alarme se répandit dans la ville. C'était dans les premiers jours de mars qu'elle parut à Générargues ; elle était à Anduze à la fin du même mois. Bientôt la petite vérole volante se montra également ; celle-ci attaqua de préférence les vaccinés. Le bruit se répandit que la vaccine ne garantissait pas de la petite vérole. Le conseil des bonnes femmes décida que cette pratique était inutile et même dangereuse. On vit un moment l'ignorance détruire toutes les bonnes intentions. On se refusait à la vaccine, et on aimait mieux attendre la variole, qui, par ses ravages, vint enfin dessiller les yeux d'un grand nombre de personnes. On vit que les enfans qui n'avaient pas été vaccinés, avaient une maladie grave et qu'il en mourait beaucoup, tandis que les autres avaient pour la plupart une maladie légère, dont ils guérissaient presque tous. On vit aussi que le plus grand nombre des vaccinés n'étaient pas atteints par l'épidémie : on revint un peu de l'erreur qui avait fait suspendre momentanément les vaccinations. Enfin les petites véroles disparurent pendant le mois d'août, et depuis il n'en est plus question. Il est pourtant encore des personnes encroûtées de vieilles idées, qui pensent que la variole dépure le sang et qu'on se porte mieux quand on l'a eue. Les fièvres intermittentes sont très-rares dans la ville ; communes, au contraire, dans la campagne, en suivant le cours du Gardon. C'est surtout à Atuechs, Lèzan et Cardet, qu'elles règnent au printemps et en automne.

Les maladies nerveuses sont plus répandues dans ce pays, qu'on ne le croirait au premier abord. Le peuple qui désigne sous le nom de *Mâyre*, les phénomènes caractéristiques de ces affections, croit que toutes les femmes doivent en être atteintes et demande rarement des conseils pour les guérir. Aussi, laisse-t-on aggraver ces maladies, qui deviennent en général incurables.

Parmi les maladies chroniques, j'ai signalé les principales : j'y ajouterai les hydropisies. Elles se développent surtout en automne et deviennent incurables par la négligence des malades, qui rarement suivent les conseils des médecins. Je n'étendrai pas plus loin cet article ; je terminerai par quelques considérations sur l'exercice de la médecine dans cette contrée.

De l'Exercice de la Médecine à Anduze et dans ses environs. — Depuis que j'exerce la médecine dans cette ville, j'ai été souvent appelé pour être le témoin des funestes effets de l'ignorance et du charlatanisme. Je n'avais aucune autorité pour attaquer le mal dans sa source ; je me suis borné jusqu'ici à donner les conseils qui me paraissaient utiles, et j'ai eu la douleur de n'opérer presque aucun bien. J'ai vu l'habitude et le préjugé l'emporter presque toujours sur la raison et les lumières. J'ai déploré ce malheur. D'autres avant moi en avaient fait autant ; mais ce qu'ils n'ont pas fait, j'ose l'entreprendre. Je veux rendre populaires certaines connaissances, à l'aide desquelles on pourra facilement distinguer parmi les gens qui exercent la médecine, ceux qui, par leur savoir, méritent une juste et salutaire confiance (1).

On ne devrait jamais appeler auprès d'un malade, que les hommes qui exercent la médecine par la seule autorité des lois : ce serait déjà un grand bien. On ne verrait plus une foule de gens sans titre, des femmes même, traiter des maladies, avec autant d'impudence que d'ineptie. On ne verrait pas appliquer des emplâtres pour toutes sortes de maux, avaler de la poix et du lard fondus dans les affections de poitrine ; et dans toutes les fièvres où le mal de

---

(1) Je préviens que je ne mets aucune personnalité dans ce que je dis : je cherche à éclairer le public, pour lui faire connaître les bons et les mauvais médecins. On pourra m'appliquer, aussi bien qu'aux autres, la sévérité de mes paroles et de mes citations.

tête est violent, se borner à des pratiques singulières pour faire sortir le soleil que l'on croit dans la tête. Il serait trop long d'énumérer toutes les sottises auxquelles on se livre : ce que j'en dis, suffit pour caractériser la turpitude et l'ignorance de ceux qui emploient de semblables moyens et qui ont des croyances pareilles. Un autre bien, quoique moins considérable, serait de ne pas confondre les chirurgiens avec les médecins. Les uns et les autres peuvent, il est vrai, avoir embrassé dans leurs études toute l'étendue de l'art de guérir ; mais ils seront bien éloignés d'avoir des connaissances exactes et profondes dans les deux branches de la science. On compterait aisément le nombre de ceux qui ont possédé ou qui possèdent encore une si grande instruction ; et certainement on n'en trouverait point à Anduze, ni dans toute la contrée. Ainsi, il serait avantageux que le public fît bien la différence, et que les médecins et les chirurgiens n'eussent pas la coupable faiblesse de les tromper. Du reste, le public n'est pas toujours dans l'erreur, et le jour où il s'aperçoit qu'on l'a trompé, il porte ailleurs sa confiance.

Puisqu'il est encore des personnes qui donnent le nom de médecin à tous ceux qui exercent l'art de guérir, voyons si nous pourrons les aider à leur faire connaître les hommes qui, dans tous les temps, doivent mériter leur confiance. Mes réflexions à ce sujet n'auraient sans doute aucune autorité : laissons parler un savant qui a honoré la médecine par ses travaux (1).

« *L'art est long, la vie est courte*, dit Hippocrate. Cet aphorisme sublime, en même temps qu'il renferme tous les devoirs du médecin, fournit à ceux qui ne le sont point, un moyen qui, bien appliqué, ne peut manquer de les éclairer sur le choix de celui à qui ils sont obligés de confier leur vie et leur santé.

» Un homme qui a fait de très-courtes ou de très-mauvaises études dans un art auquel la vie entière d'un homme suffit à peine, ne peut être qu'un mauvais médecin.

» Un homme plein d'orgueil et d'arrogance, quelque instruit qu'il paraisse d'ailleurs, ne peut être qu'un mauvais médecin. Ce que nous savons de science certaine en médecine, n'égale pas, à beaucoup près, ce que nous ne présumons que par conjecture; et l'un et l'autre sont encore si peu de chose, relativement à ce que nous ignorons absolument, qu'un médecin sage a plus lieu de s'humilier que de s'enorgueillir de son savoir.

---

(1) Coray. Préface de l'Introd. à l'étud. de la Nat. et de la Méd.; par Selle.

» Un praticien qui, dans les cas difficiles, n'aime pas à s'aider des conseils de ses confrères, qui évite de les appeler à son secours, qui est envieux de leurs succès, qui en parle avec dédain, ou qui cherche à les dénigrer, ne peut non plus être un bon médecin.

» Enfin, pour être bon médecin, ce n'est pas assez d'éviter tous ces défauts, ni d'exercer son art avec une certaine décence, ce n'est point assez d'être instruit dans toutes les parties de la médecine, il faut de plus être vertueux ; il faut être pénétré de cette philanthropie qui fait qu'on néglige ses propres intérêts pour se dévouer tout entier au bien de ses semblables ; il faut s'assimiler à la Divinité, cette source intarissable de bienfaits, et se placer, comme elle, dans ce degré de supériorité qui méprise toutes les considérations humaines, et qui tend sans cesse à opérer le plus grand bien possible. »

Ces citations, que j'aurais rendu plus longues si je n'avais craint de fatiguer le lecteur, suffisent, sans doute, pour faire distinguer les bons médecins d'avec les mauvais. Il est presque inutile de dire que de deux médecins instruits, on fera bien de préférer le plus ancien dans la pratique : il aura plus d'expérience. Qu'on n'accorde pourtant pas une confiance exclusive à cet avantage personnel. « Une pareille expérience, dit un grand médecin (1), ne doit être regardée que comme une goutte dans l'Océan des connaissances individuelles qui constituent la médecine-pratique ; et c'est un des plus nuisibles préjugés, que celui d'apprécier l'habileté d'un praticien, d'après le nombre de ses années. Il n'y a que l'assemblage et la réunion des expériences de plusieurs siècles et de plusieurs milliers d'hommes, qui puissent fournir un résultat important pour la médecine. »

D'après cela, que penser de ces jeunes docteurs, qui foulent aux pieds l'autorité des grands maîtres; qui n'ont aucune vénération pour Hippocrate et ses imitateurs, aucune reconnaissance pour leurs honorables et utiles travaux; qui croient, avec une lancette d'une main et des sangsues de l'autre, guérir toutes les maladies ? La réponse est facile : ils n'ont jamais lu les beaux ouvrages de médecine-pratique ; ou s'ils en ont parcouru quelques lignes, ils ne les ont jamais comprises. Ils ne voient pas qu'ils font preuve d'ignorance ou de faux savoir. Avec de pareilles idées, on peut faire un grand mal dans l'exercice de la médecine (1).

---

(1) Selle. Introd. à l'étud. de la Nat. et de la Méd., trad. de l'allemand par Coray, pag. 279.

(1) Si je voulais égayer mes lecteurs, je citerais ici

Puisse cet écrit servir de guide à ceux qui confient à des médecins le soin de leur santé ! Puisse-t-il surtout guérir de cette manie presque universelle, de se mêler de médecine ! Le praticien le plus instruit n'est pas toujours le plus heureux dans l'exercice de son art ; il commet parfois des erreurs. Quel mal ne doit pas faire celui qui, sans titre et sans instruction, se permet d'être son propre médecin, et pousse même la témérité jusqu'à vouloir être celui des autres ! Quelques remèdes de bonnes femmes, quelques recettes de charlatan, sont tous les jours préférés aux conseils de l'homme sage et modeste, parce qu'il n'a pas l'audace de promettre la guérison et que ses remèdes ne sont pas secrets. Tous les bons esprits désirent que les législateurs s'occupent bientôt de l'exercice

---

quelques passages de Gil-Blas, et ce serait peut-être la meilleure réfutation de la doctrine dite nouvelle. Il est vrai que le public trouve une différence entre les anciens Sangrado et les modernes. Les premiers n'employaient que la lancette et l'eau chaude ; ceux-ci, les sangsues de préférence, l'eau gommeuse, ou le bouillon d'herbes. On pense bien que je ne confonds pas le chef de la doctrine avec les ignorans dont je parle. M. Broussais est un homme d'un grand mérite ; et la plupart de ceux qui veulent l'imiter, ne suivent que ses erreurs, et par-dessus tout, abusent de ses principes.

de la médecine. Les lois qui existent à cet égard, ne sont pas même suivies. Il est des autorités qui montrent une indifférence coupable ; il semble qu'il n'entre pas dans leurs fonctions de surveiller cette partie du bien public.

J'ai signalé dans ce chapitre et dans le précédent bien des choses qui me paraissent mauvaises. Peut-être ne serai-je pas écouté ! Espérons néanmoins. Quoi qu'il en soit de mes vœux pour le bonheur des habitans d'Anduze, j'aurai rempli mon devoir de bon citoyen ; et si jamais je quitte cette nouvelle patrie, j'emporterai, j'ose le croire, l'estime de tous ceux que les passions n'aveuglent point et qui chérissent, dans un auteur, la bonne foi et l'impartialité.

CHAPITRE CINQUIÈME.

Aperçu historique sur les environs d'Anduze.

La contrée dont j'ai décrit l'aspect, au centre de laquelle se trouve placée la ville d'Anduze, est située dans la partie septentrionale du département du Gard. Elle est bornée, du Nord-Est au Sud-Ouest, par des montagnes dont la plus haute est celle de *Bryon*, l'une des grandes sommités des Cévennes : les villes d'Alais et de Saint-Hippolyte sont aux extrémités de la courbe que décrivent ces montagnes. Du Nord-Est au Sud-Ouest, les limites sont formées par le Gardon d'Alais, les monticules qui s'étendent derrière Maruéjols, Saint-Bénézet, ceux que l'on voit derrière Aigremont et qui, passant par Sainte-Théodorite, vont joindre la montagne de *Roucaute* près de Quissac. De là à Saint-Hippolyte, une partie de la chaîne de *Coûta* et le Vidourle circonscrivent la contrée. Son étendue est d'environ quinze lieues de tour sur cinq de large. On a vu dans le premier chapitre, qu'elle renferme plusieurs vallées et de très-jolis vallons. Peuplé de quarante-cinq à cinquante mille âmes, ce pays forme quarante-cinq communes qui comprennent un grand nombre de hameaux, plus de vingt villages, six bourgs et autant de villes (1).

Dans tout cet arrondissement, on ne rencontre presque plus de vestiges d'antiquités. Des médailles que l'on trouve enfouies dans la terre, sont à peu près les seules choses qui nous restent des anciens temps. Les villes qui existaient sous la domination romaine, ne présentent rien qui caractérise leur âge. Il semble que cette

(1) Voici le nom de ces quarante-cinq communes et le nombre de leurs habitans. On peut voir sur la carte la situation de chacune d'elles dans la contrée.

Aigremont, 404; Alais, 11,035; Anduze, 5,100; Bagard, 337; Boisset et Gaujac, 222; Canaules et Argentières, 354; Cardet, 422; Cassagnoles, 335; Caumiac-de-Florian, 38; Conqueyrac, 103; Corbès, 145; Durfort, 907; Fressac, 123; Générargues, 650; La Salle, 2093; Lédignan, 695; Lézan, 720; Logrian, 244; Maruéjols-lez-Gardon, 144; Massanes, 147; Massillargues, 345; Mialet, 1,400; Monoblet, 1,116; Puechredon, 67; Quissac, 1,413; Ribaute, 653; Saint-Bénézet, 168; Saint-Bonnet, 116; Saint-Christol, 988; Saint-Félix-de-Palières, 392; Saint-Hippolyte, 5,200; Saint-Jean-de-Crieulon, 136; Saint-Jean-du-Gard, 3,930; Saint-Jean-du-Pin, 411; Saint-Jean-de-Serres, 378; Saint-Martin-de-Sossenac, 109; Saint-Nazaire-des-Gardies, 109; Saint-Sébastien, 450; Sainte-Croix-de-Caderle, 285; Sainte-Théodorite, 266; Sauve, 2,627; Savignargnes, 92; Toiras, 476; Tornac, 838; Vabres, 155.

contrée n'est habitée que depuis quelques siècles ; à peine rencontre-t-on çà et là des restes de monumens, dont nous ne soyons pour ainsi dire les contemporains : tout est moderne. Ce qu'il y a de plus ancien, consiste en ruines de tours carrées qu'on aperçoit sur quelques élévations, en petites églises ou chapelles, et en vieux châteaux abandonnés. On croit que l'érection de ces tours précéda l'invasion des Sarrasins ; on pense même qu'à cette époque, elles servirent de signaux, à l'aide de feux qu'on y allumait. Quoi qu'il en soit, elles durent avoir une destination utile. Leur architecture a quelque chose de la simplicité romaine (1). Parmi les églises, il en est une qui présente de beaux restes; c'est celle de Saint-Sébastien. Aucun ciment ne lie les pierres de ses vieux murs que le temps a rongés, et sur lesquels on voit avec plaisir la couleur imposante des siècles. Elle est dans un lieu sauvage et contribue puissamment à l'effet pittoresque du site de La Fabrègue, l'un des plus beaux des environs d'Anduze. Tout ce qui peut animer un beau paysage, s'y trouve

---

(1) La Tour de Tornac est la mieux conservée ; elle s'élève au-dessus d'un château bien moins ancien. J'ai entendu dire à un Littérateur connu par des recherches sur les langues anciennes, que *Tornac* devait être chez les Celtes un lieu dédié au dieu Mars.

réuni : une rivière, des montagnes, des hameaux, des ruines sur des élévations, de blocs énormes de rochers entassés les uns sur les autres, et formant au milieu des eaux une gorge d'un aspect bizarre, s'offrent ensemble aux regards étonnés.

Outre les tours, les petites églises, les vieux châteaux, on rencontre encore quelques constructions du moyen âge. Depuis la renaissance des Beaux-arts, on a élevé quelques monumens simples, mais jolis. La ville d'Alais renferme, sous ce rapport, ce que nous avons de plus intéressant.

En parcourant cette charmante contrée, on est agréablement surpris de l'effet pittoresque des ruines qui décorent le sommet de plusieurs montagnes. La nature y présente quelquefois, à côté de ses plus grandes richesses, les signes de ses bouleversemens et les restes de ces antiques habitations, que l'homme avait élevées sur des hauteurs, comme pour éterniser sa puissance ou se rapprocher de celui devant qui tout s'abaisse et s'anéantit. Une pensée afflige l'esprit au milieu de cette admiration : que de souvenirs pénibles sont attachés à ce beau pays ! Je ne reviendrai pas sur ce sujet déjà traité dans le troisième chapitre ; je dirai seulement que les habitans de ces lieux vivraient en paix et dans le bonheur, s'ils pouvaient oublier leurs tristes dissensions, occasionées par le fanatisme de la religion.

Les mœurs, les usages et les travaux des habitans sont à peu de chose près les mêmes partout. Du reste, les différences qu'ils présentent, n'entrent pas dans un aperçu rapide comme celui-ci. Ceux de la partie montagneuse sont en général plus laborieux ; ils ont les traits et le caractère des Cévenols, tandis que ceux de la partie basse ressemblent beaucoup aux habitans des plaines du Bas-Languedoc. J'ai parlé de ces deux types.

L'agriculture occupe les trois quarts de la population : le reste se livre au commerce, à l'industrie des arts et des métiers. Le mûrier forme la principale richesse du pays ; le châtaignier, l'olivier, la vigne, les céréales ne sont pas également répandus partout. Dans la partie montagneuse on récolte surtout des châtaignes et des foins estimés ; dans la partie basse, du blé et de l'huile ; dans les lieux intermédiaires, du vin et des feuilles de mûrier.

La Réformation qui fit tant de progrès dans les Cévennes, est généralement suivie dans les environs d'Anduze : sur quarante-cinq mille habitans, plus de trente mille sont réformés. Des communes entières professent ce culte. Les Catholiques romains, qui forment le complément de la population, sont plus nombreux dans les villes que dans les campagnes. Alais en contient presque autant que tout le reste de la contrée.

Alais. — Cette ville aujourd'hui florissante et la plus considérable du département du Gard, après Nismes, n'était dans les prémières années du XII.e siècle, qu'un village presque inconnu, devenu remarquable en 1118, par le séjour qu'y fit le pape Gélase II, fuyant ses états. Environ cinquante ans après, Alais qu'on appelait *Alest*, était déjà un bourg fort riche, dépendant de la seigneurie d'Anduze. Ses premiers Seigneurs partageaient la seigneurie avec ceux de cette ville. Le plus ancien est Bernard Pelet.

Le pape Alexandre III passa à Alais en 1162. Il y avait alors une grande tour qui fut détruite en 1247. Le Roi de France Louis IX y passa en 1254. Alais était déjà une ville, puisqu'elle avait des Consuls. En 1285, on y vit le Roi Philippe-le-Bel. En 1307, cette ville avait un château royal où furent détenus trente-trois Templiers. Le Sénéchal de Beaucaire y tint ses assises pour le jugement de ces malheureux Chevaliers. Ils montrèrent à cette époque un très-grand courage; mais en 1309, ils préférèrent la vie à l'honneur. Bien loin d'imiter Jacques Molay, leur Grand-Maître, ils eurent la faiblesse d'avouer des crimes dont on les croit encore innocens; ils furent mis en liberté. Alais avait alors deux couvens, l'un de Jacobins et l'autre de Cordeliers. En 1370, sa viguerie avait 1,110 feux, celle d'Anduze en avait 1,173.

La seigneurie d'Alais fut érigée en comté en 1346, sur le choix du Vicomte de Beaufort, qui aurait pu faire donner ce titre à celle d'Anduze, dont il était Seigneur. Il y avait entre les deux villes une sorte de rivalité qui dura long-temps et dont il reste quelques traces. Pas plus considérables l'une que l'autre, elles ne pouvaient s'accroître également; une seule devait un jour devenir florissante. Tout semble avoir été favorable à celle qui n'a point d'antiquité. Ainsi disparaissent de la terre, les vieilles cités qui en faisaient jadis l'ornement, et s'élèvent à côté de leurs ruines de plus belles villes encore, qui à leur tour seront vraisemblablement remplacées par d'autres.

La peste exerça ses ravages dans Alais en 1545 : plus tard, cette ville fut agitée par les guerres civiles qui désolèrent les Cévennes. En 1567, les Religionnaires s'en rendirent maîtres; deux ans après, elles soutint un siége contre eux et les repoussa. En 1572, les Réformés y étaient en force; mais cela dut changer bientôt, puisqu'en 1575, ils furent obligés d'en venir aux mains pour s'emparer de la ville : ce fut alors, qu'ils passèrent au fil de l'épée une partie des habitans. Damville attaqua le château, qui se rendit le 2 avril 1576. Ce Maréchal de France acquit ce domaine et devint Seigneur d'Alais.

En 1620, il se tint à Alais un synode national; l'année suivante, les églises furent renversées. Louis XIII s'empare d'Alais en 1629, et fait détruire ses fortifications. Peu de temps après, vers 1622, elle se déclara pour le Duc de Montmorency, son Seigneur. La même année, elle envoya des députés au Roi, pour faire connaître sa soumission: son château fut démoli. En 1694, on érigea dans la ville d'Alais un évêché, supprimé depuis la révolution; son premier Évêque, Chevalier de Saulx, en exerçait déjà les fonctions en 1586.

Alais est une jolie ville, dans une charmante situation. Elle se trouve à la pointe la plus septentrionale de la contrée, sur la rive gauche d'une des principales branches du Gardon, qui en baigne les murs. Peuplée de plus de 11,000 âmes, d'après le dernier recensement, elle est importante sous plusieurs rapports. Son commerce en soieries et en laine est très-étendu. On y voit de très-beaux établissemens pour le filage et le moulinage de la soie. Il y a des manufactures de serges, de rubans et de bas. Trois foires se tiennent chaque année dans cette ville; mais une seule est considérable, celle du 24 août, qui dure huit jours. Il y a deux marchés par semaine, qui ont lieu le lundi et le vendredi. Il y avait autrefois une école de marine et un collége ; celui-ci existe encore, et présente un très-beau local. L'ancien évêché et l'hôtel-de-ville sont des monumens d'un bon goût : l'église qui sert au culte Catholique, est à la fois grande et belle ; celle du culte Réformé n'offre rien de remarquable. Alais a un Fort que Louis XIV fit bâtir en 1689. Il domine la ville et tient à une jolie promenade sans arbres, appelée la Maréchale, parce que c'est un ouvrage du Maréchal de Vauban. On y jouit d'une très-belle vue ; elle a quelque chose de la beauté simple et majestueuse de la fameuse place du Peyrou, à Montpellier. Alais a encore des casernes et une petite salle de spectacle d'une forme gracieuse et parfaitement décorée. Plusieurs rues sont bien percées, les maisons assez belles, les places spacieuses ; enfin, c'est une ville que l'on voit avec plaisir.

Alais tire son nom du mot latin *ala*, qui signifie *aile* et qui exprime très-bien l'aspect de sa forme. C'est un chef-lieu d'arrondissement, à 8 lieues Nord de Nismes et à plus de 2 lieues Nord-Est d'Anduze. Il y a un tribunal de première instance et un tribunal de commerce, un inspecteur et un receveur de l'enregistrement et des domaines, un conservateur des hypothèques, un contrôleur et un percepteur des contributions directes ; un directeur, un receveur central, un receveur particulier et un contrôleur de ville pour les contributions indirectes. C'est la demeure d'un ingénieur des ponts et chaussées, d'un ingénieur des mines et d'un lieutenant de la Gendarmerie. Alais a un commissaire de police, un bureau de poste, un conseil de prud'hommes, une cure et une église consistoriale. Il y a un hôpital. Les deux tiers de ses habitans sont Catholiques. Cette ville est la patrie de Boissier de Sauvages, célèbre médecin de Montpellier, et de l'abbé de Sauvages, son frère, physicien connu, auteur d'un Dictionnaire languedocien-français.

Les environs d'Alais intéressent encore plus que la ville même. Ils offrent une nature riante et des productions estimées. Ses mines de houille, sa verrerie, occupent un grand nombre d'ouvriers et enrichissent les habitans. Il y a, à peu de distance d'Alais et du côté de S.t-Jean du-Pin, une source d'eau minérale ferrugineuse, dont on devrait faire un plus fréquent usage (1).

La prairie d'Alais, dont la beauté a quelquefois excité le chant des poètes, fut le théâtre

---

(1) Cette eau dite *de Daniel*, et vulgairement d'*Agnel*, est un fort bon tonique. J'ai obtenu de son emploi de très-bons effets, surtout contre la faiblesse du tube digestif. J'ai vu des enfans guérir d'une diarrhée chronique par la seule boisson de cette eau minérale.

d'un combat qui eut lieu le 24 décembre 1702, entre les Camisards, commandés par le célèbre Cavalier, et la noblesse d'Alais, une partie de la bourgeoisie et la garnison, qui avaient à leur tête le Chevalier de Guines. Cavalier fut vainqueur; il poursuivit les fuyards jusqu'aux portes de la ville.

A une petite lieue d'Alais, près du chemin d'Anduze, est le village de Saint-Christol, chef-lieu d'une commune peuplée de 988 habitans. On y voit un château et une petite église qui sert au culte Catholique. Là, où commence l'avenue du château, dans l'endroit même où se réunissent les chemins d'Alais, d'Anduze et de Montpellier, s'élève un obélisque appelé *la Pyramide*. A peu de distance et vers le Gardon, se trouve le vieux château de Montmoirac, bâti sur un tertre. On croit que Louis XIII y coucha, la veille de son entrée dans la ville d'Alais, en 1629. Non loin de Saint-Christol, il y a sur le chemin d'Anduze, avant d'arriver au petit village de Bagard, une vieille maison qui appartenait autrefois aux Chevaliers de Saint-Jean-de-Jérusalem et qui servait d'hôpital : c'est de là qu'a tiré son nom le ruisseau qui passe tout près. Au-dessous de l'hôpital est la tour de *Billot* en ruines, qui rappelle un fameux combat entre les Camisards commandés par Cavalier, et les troupes royales, par de Planque.

L'affaire eut lieu dans la nuit du 29 au 30 avril 1703. Les Camisards furent surpris ; ils dormaient paisiblement dans une métairie voisine, lorsqu'on les attaqua de toutes parts. Cavalier, à la tête d'une partie de ses gens, se fit jour à travers l'ennemi et alla se retrancher. Ceux qui ne purent point sortir de la maison, ne voulant pas se rendre, périrent presque tous, ou par le feu, ou par l'épée. De part et d'autre, on montra un grand courage. Les Camisards vaincus excitèrent la pitié et l'admiration.

MIALET. — C'est un bourg situé sur la rive gauche de la branche la plus septentrionale du Gardon d'Anduze, à plus d'une lieue et demie Nord-Nord-Ouest de cette ville. Mialet est le chef-lieu d'une commune très-étendue et peuplée de 1,400 âmes ; elle comprend les villages de Paussant, Luziers, et plusieurs hameaux. On croit que ce fut dans celui des Aigladines, que se tint le premier synode de la religion Réformée. On rapporte, à ce sujet, qu'en 1560, quinze Ministres s'assemblèrent dans une caverne au-dessous du hameau, et en sortirent pour aller prêcher l'Évangile dans les Cévennes, dans le Vivarais, dans le Bas-Languedoc et en Rouergue.

Mialet, et plus anciennement *Mellet*, éprouva de grands malheurs en 1703. Le Maréchal-de-Camp Julien, qui combattait les Camisards, fit arrêter environ six cents personnes dans cette paroisse. Les hommes furent embarqués et jetés dans des prisons ; leurs habitations furent pillées. L'année suivante, elles le furent également ; plusieurs même devinrent la proie des flammes. En lisant l'histoire qui nous rappelle ces cruels événemens, on a de la peine à concevoir cette fureur de destruction qui animait les partis. On fait des vœux pour que ces leçons terribles soient utiles à l'humanité, et qu'enfin l'union des citoyens devienne si vive et si franche, qu'un jour les habitans de cette contrée doutent que de pareils désastres aient pu avoir lieu.

Le bourg de Mialet est fort peu commerçant ; on y fait quelques étoffes de laine et des bas de coton. A peu de distance, dans un lieu appelé *Trabuc*, est une papeterie assez considérable. Mialet a une église pour le culte Catholique qui ne compte dans cette commune qu'un petit nombre de familles ; les Protestans y ont une église consistoriale. Ce bourg a vu naître Laporte, le premier des chefs Camisards qui se fit un nom redoutable, et le fameux Roland, son neveu, plus redoutable encore.

Les montagnes des environs de Mialet, renferment des grottes qui servirent de retraite à des malheureux pendant les guerres de religion. La nature y avait formé pendant des siècles des cristallisations admirables, dont il ne reste pour ainsi dire que les débris. A chaque pas, on reconnaît dans ces souterrains la main destructive de l'homme. On recommande à la curiosité publique les grottes de Rouville, Corbès, Valauri, et surtout celle de Mont-Roucou, dite *de Mialet*. Je vais donner une courte description des deux dernières comme étant les plus intéressantes.

Grotte de Valauri. — C'est la plus jolie de celles que j'ai vues dans les environs d'Anduze. Située sur la montagne dont elle tire son nom, elle présente une entrée facile, presque ronde, entourée de ronces et ornée de plantes. Il faut se courber un peu pour y pénétrer ; mais bientôt la voûte s'élève et le terrain s'abaisse. Après avoir fait une centaine de pas, on arrive dans une salle étroite, remarquable par une stalactite énorme ayant la forme d'un melon d'un éclat magnifique ; derrière est un trou par lequel on pénètre dans un endroit tapissé de cristallisations très-pures. En suivant la première direction, on remonte assez pour se trouver ensuite presque au niveau de l'entrée que l'on aperçoit de plusieurs points de la galerie où l'on se trouve. Cette galerie est belle. Partout, la voûte et ses parois sont plus ou moins couvertes de stalactites, qui présentent une multitude de figures différentes et de petites colonnes. Le sol, dans certains endroits, est pavé de stalagmites. Toutes ces cristallisations d'un blanc d'albâtre, charment les regards les moins sensibles aux beautés de la nature. Les personnes qui admirent pour la première fois ces sortes de merveilles, sont dans l'étonnement ; elles croient voir se réaliser ces demeures brillantes créées par l'imagination la plus vive et embellies de tous les charmes du style dans des productions très-connues. Au milieu de cette galerie est une source d'une eau très-pure, qui sor td'un petit réservoir creusé dans le roc ; elle se perd ensuite dans des fentes. La galerie se termine par des crevasses, au-delà desquelles on ne peut pénétrer. Il n'est pas nécessaire d'avoir un guide pour parcourir cette grotte.

Grotte de Mialet. — Connue des habitans sous le nom de grotte de *Mont-Roucou*, elle n'offre presque rien de remarquable ; mais un événement malheureux et qui n'eut pourtant aucune suite fâcheuse, l'a rendue célèbre dans toute la contrée. Huit personnes d'Anduze allèrent visiter cette caverne, le 24 août 1790 (1). De ce nombre étaient deux amateurs d'histoire naturelle, MM. Gaillere et Nicod, qui la connaissaient parfaitement, et qui les premiers de leurs contemporains avaient eu le courage d'y pénétrer

---

(1) C'est à l'obligeance de M.r Pauc, un des huit, que je dois les détails de ce triste événement.

et de la parcourir : avant eux, l'entrée en était fermée par un reste de vieux mur et quelques blocs de rochers. Qui n'eût été tranquille avec de pareils guides ; et qui aurait pu penser que si quelqu'un venait à s'égarer, ce serait l'un de ceux qui connaissaient le mieux la grotte ! Ce fut pourtant ce qui arriva ; tant il est vrai qu'on n'a jamais assez de prudence dans de pareilles occasions. On allait sortir, lorsqu'un des jeunes gens se rappela qu'il avait oublié sa montre près de la cascade. M. Gaillère quitta ses compagnons et l'alla chercher. En revenant il marchait très-vite pour profiter du peu de lumière qui lui restait ; il glisse, tombe, et la bougie échappe de ses mains. Au milieu de l'obscurité effrayante qui l'environne, il se flatte de retrouver son chemin à la lueur d'une pierre à fusil qu'il bat avec son briquet : il arrive ainsi dans un endroit inconnu ; il s'arrête. Un sommeil bienfaisant suspend ses craintes et ses espérances ; mais bientôt réveillé, il voit toute l'horreur de sa situation. La faim, la soif, le tourmentaient d'une manière affreuse ; il ronge ses vêtemens, suce un peu de terre humide. Faible, il s'endort encore. Pendant ce sommeil, il croit entendre des voix qui l'appellent ; des fantômes, des spectres qu'il prend pour les habitans de la caverne, viennent frapper son imagination. A son réveil, le désespoir s'empare de son âme ; il se blesse au bras, suce son sang pour étancher la soif qui le dévore; il mange les cordons de ses souliers, boit son urine, et garde ses excrémens pour dernière ressource. Après avoir passé cinquante-deux heures dans cette horrible situation, il fut trouvé par un des hommes qui le cherchaient. La population d'Anduze, de Mialet et des campagnes voisines, était tout en mouvement depuis deux jours. M. Gaillère, après avoir pris un peu de vin, eut encore la force de se traîner jusques au dehors de la caverne. Le bruit de cette heureuse nouvelle s'étant répandu très-promptement, chacun accourait pour le voir et le féliciter. M. Gaillère ne perdit jamais son sang froid, ni sa présence d'esprit : il eut soin de monter sa montre; il comptait les heures d'espérance et attendait celle de sa mort.

L'entrée de cette grotte est pénible. On rampe environ quinze pas; on arrive ainsi, et en descendant toujours, à un endroit où il y a un pilier. A mesure que l'on avance, la voûte s'élève, le chemin s'incline et devient tortueux. On parvient bientôt à une salle ornée d'une petite colonne, de quelques stalactites très-blanches et d'une très-jolie coupole. A peu de distance, on rencontre la salle *des bassins*, ainsi nommée à cause de petits réservoirs formés dans le roc par les eaux qui tombent de la voûte. Une colonne de trois à quatre pieds de haut s'élève du bord de ces bassins. Les gouttes qui tombent sur elle, y déposent sans cesse des cristaux de spath, et tendent ainsi à l'élever de plus en plus. A côté il y a un précipice dont le fond est rempli d'eau.

Une longue galerie conduit à la salle du *Cahos*. En entrant dans cette salle immense, on est frappé d'étonnement à la vue d'énormes blocs de rochers détachés de la voûte, de crevasses qui couvrent le sol, et de la teinte sombre de ce qui vous environne; aucune cristallisation n'attire les regards. Assis un instant sur un quartier de roche, je contemplais en silence cette nature bouleversée, cette faible image du cahos, éclairée par quelques torches. La marche lente de mes compagnons, tenant chacun une bougie pour assurer leurs pas, projetait des ombres gigantesques; le silence de ce triste lieu, troublé par quelques paroles qui retentissaient sous la voûte, les lueurs pâles et tremblantes qui coloraient tous ces objets, attristèrent ma pensée. Je sentis alors plus que jamais, que l'homme n'était pas né pour s'enfoncer dans la terre, et je m'attendris sur le sort de ces malheureux qui passent leur vie dans des souterrains. Combien est différente la sensation que j'ai toujours éprouvée sur les montagnes !

Outre ces trois salles, on cite encore le *Trou*

du Vent, comme une chose curieuse : c'est une ouverture d'environ deux pieds de diamètre, que la nature a formée dans le roc ; il en vient un vent qui est assez fort pour éteindre les bougies. En passant par ce trou, on parvient à un petit endroit où se trouve une fente de rocher, qu'on peut suivre jusqu'à une assez grande hauteur : de là, on n'aperçoit plus qu'un vide immense. Une autre chose à voir, est ce qu'on nomme *Cascâde dé Nicod*, parce que ce naturaliste la découvrit dans un de ses voyages à la grotte. Il avait un goût très-prononcé pour cette sorte de recherches ; il y demeura seul une fois, trois jours et trois nuits, ayant eu la précaution de prendre des vivres et tout ce qu'il fallait pour avoir toujours de la lumière. On n'arrive à la cascade qu'en se traînant quelque temps sur le ventre ; elle est formée par les eaux des stalactites qui se ramassent dans un endroit d'où elles tombent pour se perdre dans un tas de pierres.

Cette grotte n'est point remarquable par ses cristallisations ; elles y sont rares et peu curieuses. Ce qui la distingue, est son étendue. De nombreuses galeries, des salles plus ou moins spacieuses, des précipices, forment l'ensemble de ce vaste labyrinthe. Il est possible qu'on y découvre un jour des sujets d'admiration ; car elle n'est pas entièrement connue. En attendant, on peut dire qu'on n'y trouve pas autant de plaisir que de danger.

SAINT-JEAN-DU GARD. — Au milieu d'un joli vallon, sur la rive gauche de la branche un peu occidentale du Gardon d'Anduze, et à plus de deux lieues Nord-Ouest de cette ville, est bâti Saint-Jean-du-Gard. Une longue rue assez large, coupée par quelques petites rues latérales, forme son ensemble. Au centre est une place dont une partie est couverte ; l'autre est ombragée par un orme magnifique qui s'élève à une très-grande hauteur, domine toute la ville, et lui sert d'ornement (1). Saint-Jean-du-Gard a un château très-peu ancien. Il y en avait jadis un autre qui fut brûlé par le Comte de Villars, en 1560. Cette ville que les habitans croient avoir été fondée par les Phocéens, dont Marseille tire son origine, ne me paraît pas ancienne. L'histoire n'en fait pas mention avant le XVI.e siècle. Cependant elle existait avant cette époque ; la maison *Savin* située dans la Grand'rue, rappelle les temps de la bonne architecture gothique.

Saint-Jean-du-Gard a un marché tous les lundis, et trois foires qui attirent fort peu de

(1) Les admirateurs de cet arbre majestueux, le plus beau de toute la contrée, craignent en ce moment de le voir abattre.

monde, excepté celle du 10 décembre. Son commerce n'est pas considérable ; mais ses manufactures de bas de soie et de coton sont renommées. Il y a plusieurs filatures de soie, entr'autres deux qui vont au moyen de mécaniques ingénieuses, inventées par des habitans de cette petite ville ; il y a aussi des moulins à soie qui vont à l'aide d'une machine. Ces moyens ont beaucoup diminué le nombre des personnes nécessaires au filage et au moulinage de la soie. Saint-Jean-du-Gard a une ou deux petites fabriques de chapeaux et plusieurs tanneries. La population de cette ville est d'environ 3,000 âmes ; la commune en a 3,930 dont les trois quarts sont protestans. Il y a une cure et une église consistoriale. On y élève un temple d'un bon goût d'architecture. L'église qui sert au culte Catholique n'a rien de remarquable. Saint-Jean-du Gard est un chef-lieu de canton dans l'arrondissement d'Alais. Il y a un percepteur des contributions directes, un bureau d'enregistrement, un bureau de poste et une brigade de Gendarmerie. C'est la patrie du Maréchal de Toiras et du Comte Pelet, aujourd'hui Pair de France.

Dans le vallon de Saint-Jean-du-Gard, on trouve plusieurs châteaux et quelques maisons de campagne assez agréables. Lastrau et le Péras méritent d'être cités ; l'un par sa position, et l'autre par ses belles prairies.

La Salle.—Fort petite ville, située à deux lieues et demie Ouest d'Anduze, sur la rive gauche de la Salindrèse, dans un vallon très-agréable. Bâtie comme un bourg, elle n'a pour ainsi dire qu'une seule rue, mais longue de plus d'un quart de lieue. Elle est dans la partie la plus resserrée du vallon, et fait partie de la route qui longe la petite vallée de la Salindrèse. Trois fontaines arrosent cette rue, embellie par une petite place ornée de platanes : c'est là qu'est le seul monument de La Salle, l'église catholique.

Peu ancienne et presque inconnue, cette ville fut attaquée en 1703 par les Camisards, qui s'en emparèrent en partie, et furent repoussés quelques heures après par la garnison. Elle fait un assez grand commerce en laines. Il y a des manufactures de bas de soie et de coton, deux petites fabriques de chapeaux et une tannerie. Autrefois il y avait un marché qui n'existe plus depuis long-temps. Il s'y tient quatre foires, dont une seule est considérable, surtout pour la vente des cochons ; c'est celle du mois de janvier. La Salle est un chef-lieu de canton dans l'arrondissement du Vigan, et un chef-lieu d'arrondissement pour la perception des contributions directes. Il y a un bureau d'enregistrement, une cure et une église consistoriale. Cette commune à 2,093 habitans; les trois quarts sont du culte Réformé.

Couverte d'arbres et de prairies, entourée de châtaigneraies tout-à-fait gracieuses, la campagne de La Salle est une des plus riantes des environs d'Anduze : tout y est frais et charmant. C'est sans contredit un des plus jolis vallons des Cévennes. Le Vigan toujours cité, n'offre peut-être rien de plus beau. On verra avec plaisir les châteaux d'Algue et de Cornélie, la Nogarède, la Baraque, et surtout le château de Calviac, auquel ses eaux et ses prairies donnent une fraîcheur délicieuse.

Entre La Salle et Anduze est le vieux château de Toiras, qui soutint un siége de trois jours pendant les guerres du Duc de Rohan, et qui rappelle un Maréchal de France, fameux dans nos fastes militaires. A peu de distance du château sont les ruines d'une antique tour carrée.

Saint-Hippolyte. — Jolie petite ville, sur la rive droite du Vidourle, à l'entrée d'une gorge et à trois lieues environ Sud-Ouest d'Anduze. Le vallon au fond duquel elle est bâtie, ne présente pas un site enchanteur, comme l'a dépeint Florian. Entouré de montagnes calcaires presque nues, et de coteaux un peu arides, le voyageur n'y repose sa vue avec plaisir que sur les prairies qui longent la rivière. A Saint-Hippolyte on éprouve un sentiment opposé à celui qu'inspire la ville de La Salle. Dans cette dernière ville nous n'avons admiré que la nature;

dans l'autre, ce sont les monumens, les maisons, les rues, les places et les fontaines qui peuvent attirer notre attention. L'église n'offre rien de remarquable ; elle est située sur une belle place entourée de beaux marronniers. Le temple du culte Protestant est assez bien bâti ; pareil à celui d'Anduze, il est d'un genre gracieux (1). La citadelle qu'on devait au génie de Vauban, a été vendue à un particulier qui la fait démolir. Ici se présente une réflexion sur l'instabilité des choses humaines, s'il est vrai, comme on l'assure, que les pierres de l'ancien temple de Saint-Hippolyte aient servi à la construction du Fort, et qu'une partie de ces mêmes pierres ait été employée à l'édification du nouveau temple.

Saint-Hippolyte n'est connu dans l'histoire, que pour avoir donné naissance à la révocation de l'édit de Nantes. Mais est-il bien vrai que l'insulte faite à un prêtre qui portait le Saint Viatique, ait produit cet acte extraordinaire du règne de Louis XIV ? Il semble permis d'en douter. Si la politique de ces temps n'avait point préparé un tel malheur, à coup sûr il n'eût pas été le résultat d'un fait particulier.

Le commerce de cette ville est étendu. Il y a

(1) Ce temple a été inauguré le 25 août 1822. Jamais Saint-Hippolyte n'avait vu et ne verra sans doute dans ses murs, autant de monde que ce jour-là.

des manufactures d'étoffes de laine, de bas de coton, des filatures de soie, des fabriques de chapeaux, de colle forte, et des tanneries. Sa population est de 5,200 habitans, dont les trois quarts suivent la religion Réformée. Saint-Hippolyte, chef-lieu de canton dans l'arrondissement du Vigan, a un tribunal de commerce, un bureau d'enregistrement et un bureau de poste. C'est la demeure d'un receveur et d'un percepteur des contributions directes, d'un receveur des contributions indirectes, et d'un commissaire de police. Il y a un hôpital, une cure et une église consistoriale.

A une très-petite distance de Saint-Hippolyte, on voit dans la partie la plus élevée des coteaux de la *Ginouvèse*, une grande excavation, qui n'est pas, comme on l'a cru, le cratère d'un ancien volcan. Au-dessous de la ville est une belle maison de campagne, appelée *les Graves*, peu éloignée de la route de Nismes et du village de Mandiargues, situé sur la route même. En suivant la même direction, ou pour mieux dire le Vidourle, on aperçoit l'église et le hameau de Conqueyrac : c'est tout près de ce hameau que se trouve la grotte de la *Roquette*, souvent visitée, et n'offrant guère à la curiosité des amateurs, qu'une galerie spacieuse et une jolie colonne.

Monoblet. — Petit bourg, situé à deux lieues

Sud-Ouest d'Anduze, sur le chemin de Saint-Hippolyte, et à mi-côte d'une montagne calcaire dont les eaux se perdent dans le Vidourle. On y fait beaucoup d'étoffes de laine. Sa population est de 1,116 habitans. C'est le chef-lieu d'une perception des contributions directes. Il y a une petite église qui sert au culte Catholique.

Entre Monoblet et Anduze on trouve le château de Saint-Félix-de-Palières, où l'on voit une ancienne et jolie chapelle. A peu de distance et tout près du hameau de ce nom, est une source d'eau minérale ferrugineuse, qu'on peut employer comme celle de Daniel. En 1703 Roland à la tête d'une bande de Camisards, s'empara du château de Saint-Félix, et fit passer la garnison au fil de l'épée. La *Fontaine corrosive* de Saint-Félix-de-Palières n'est plus aujourd'hui, dans l'opinion publique, qu'une belle source d'une eau très-pure, à laquelle on n'attache rien de merveilleux. « Lorsqu'on y jetait une feuille d'arbre ou un petit animal mort, dit un écrivain, on n'en trouvait plus que le squelette au bout de quelques jours. Mais, étaient-ce les eaux qui l'avaient dévoré ? Non; c'était des crevettes qui sont très-communes dans les puits des Cévennes, où on les nomme *Trinquetailles* (1). »

---

(1) Depping; Merv. et Beaut. de la nat. en France.

Au-dessous de Monoblet et de Saint-Félix, on aperçoit le vieux et gothique château de *Fressac*, dont les ruines pittoresques couvrent le sommet d'une petite montagne qui sépare le vallon de Fressac de celui de *Malignos*. D'après une tradition populaire, la Reine Blanche de Castille, mère de Saint Louis, aurait séjourné dans ce château.

DURFORT. — C'est un bourg situé à une lieue et demie Sud d'Anduze, sur le chemin de Sauve. On y voit un antique château qui appartenait en 1255 aux Seigneurs de Sauve, et qui fut donné en 1294 aux Évêques de Maguelonne. Durfort a des manufactures d'étoffes de laine, de bas de coton, et une fabrique de chapeaux. Sa population est de 907 habitans. C'est un chef-lieu de perception pour les contributions indirectes. Il y a une succursale et une église consistoriale.

Aux environs de Durfort, près d'un hameau appelé *les Cabanes*, on exploite des mines de galène, plomb sulfuré, pour l'usage des potiers de terre. Dans la montagne où sont ces mines, est une grotte assez curieuse par les ossemens qu'elle renferme: je vais en dire un mot.

4.e éd., tom. II, pag. 369. Ces crevettes sont aussi très-communes dans les bonnes eaux de fontaine à Anduze et dans ses environs; on les nomme ici *Trincoviégos*.

Grotte des Morts. — Il n'y a pas encore vingt ans, que quelques personnes ayant enlevé un mur placé dans une fente de rocher, pénétrèrent ainsi dans une grotte où elles furent surprises de trouver des squelettes humains. Les vieillards furent consultés sur cet événement : plusieurs se rappelèrent avoir entendu dire dans leur enfance, qu'il y avait dans cette montagne un antre où s'étaient refugiés des malheureux pendant les guerres de religion, et qu'ils y avaient péri pour éviter la persécution et la mort; d'autres disaient qu'à la même époque il y avait eu un combat tout près de cette caverne, et qu'on y avait jeté les cadavres. Je ne partage pas cette dernière opinion. L'aspect de ce triste lieu me porte à penser que les hommes dont on trouve les ossemens dans cette grotte, étaient des proscrits qui crurent se sauver en pénétrant dans cet asile, et échapper aux recherches de leurs persécuteurs ; qu'ils furent découverts et qu'on ferma l'entrée pour les empêcher d'en sortir.

En voyant l'ouverture qui conduit dans la grotte, je crus d'abord qu'il me serait impossible d'y pénétrer. Figurez-vous une fente verticale de trois pieds de haut sur huit ou neuf pouces de large, dont on ne voit pas la profondeur, et offrant l'image d'un tuyau de cheminée ; vous n'aurez encore qu'une idée imparfaite de son aspect repoussant. Un de mes compagnons qui l'avait déjà vue, nous montra comment on descendait; mais il ne put nous donner cette facilité qu'il a reçue de la nature : nous n'osions suivre son exemple. Cependant, après quelques instans d'incertitude, le désir l'emporta sur la crainte, et nous hasardâmes de nous fourrer dans cette fente (1). Ce ne fut point sans râcler la surface du dos et de la poitrine, que nous parvînmes au bas, dont la profondeur est d'environ quinze pieds. On fait quelques pas pour arriver au fond : là, on trouve une ouverture circulaire par laquelle on passe en rampant et avec difficulté. On se trouve alors dans un endroit où sont des ossemens humains incrustés dans des cristallisations de spath rougeâtre. La grotte, dans cette partie, n'a pas plus de trois à quatre pieds de hauteur. C'est un petit corridor qui se termine à droite par une niche, où il y a un banc de terre et d'os à moitié pourris ; à gauche, est une autre ouverture semblable à la première. J'y passai seul. Je me vis dans une petite galerie, dont la voûte peut avoir de quinze à vingt pieds d'élévation ;

(1) J'étais avec MM. Baridon et Prévost, tous deux fort aimables, et d'un goût très-vif pour l'histoire naturelle. Ce dernier est du petit nombre de personnes qui m'ont fourni des renseignemens utiles.

elle va toujours en montant et se termine par une fente. Là, je ne trouvai pas un seul ossement humain; il y avait quelques os d'agneau ou de mouton, qui avaient été charriés par un renard, habitant cette grotte. Je rejoignis mes compagnons. Je m'arrêtai un instant encore dans l'endroit où gisaient les ossemens. J'allais me livrer à des réflexions un peu tristes, lorsque je sentis ma respiration gênée: aussitôt, je quittai ce lieu, et ce fut avec plaisir. En montant, je croyais sortir d'un tombeau. La vue du soleil et de la campagne, quoique peu riante dans cette espèce de solitude et dans la saison où nous nous trouvions, me rappela pourtant à la nature vivante, et je quittai sans regret les idées de mort que fait naître ce lieu (1).

SAUVE. — Cette ville que l'on croit très-ancienne, paraît tirer son nom de *Salvium* ou *Salvia* (par corruption peut-être *Salva*, dont on a fait ensuite *Sauve*), d'une espèce de *Sauge*, en latin *Salvia*, plante très-commune dans son territoire. La circonstance de

---

(1) Les ossemens de cette grotte ne sont point fossiles, comme le pense M. D'Hombres-Firmas. Du reste, mon opinion à cet égard est aussi celle de M. Marcel de Serres, qui se propose d'éclaircir bientôt ce fait d'une manière propre à dissiper les doutes, s'il en existait encore parmi les naturalistes.

son site, jointe à cette idée, dut déterminer sans doute la forme des armes de la ville : elles représentaient des rochers amoncelés, surmontés d'un brin de sauge, avec ces mots abrégés : SAL., SAL., SAL. Le nom de *Salvia* ne viendrait-il point de *Salvidienus*, l'un des chefs de l'armée d'Octave-César qui occupa une partie des Gaules, l'an 714 de Rome ? Des bains de forme antique, trouvés près de la source lorsque l'on construisit les fontaines, des vestiges d'anciennes fortifications, des traditions confuses, annoncent une certaine antiquité. Si l'on en croit le savant Astruc, Sauve est l'ancien *Vindomagus*, que d'autres auteurs placent avec plus de vraisemblance au Vigan. Mais Astruc était né à Sauve, et l'amour de la patrie a bien pu influencer son opinion.

L'époque la plus ancienne pour la ville de Sauve dont il soit fait mention dans l'histoire, est la fin du IX.e siècle. Ses Seigneurs étaient de la famille Bernard d'Anduze. En 1013, Pierre, l'un deux, prit le titre de *Satrape*. En 1294, la baronie de Sauve fut donnée à l'Évêque de Maguelonne par Philippe-le-Bel ; en 1570, elle devint l'apanage de Simon Fizes, Secrétaire-d'État des Finances ; et depuis cette époque elle a plusieurs fois changé de nom. Cette ville a été agitée pendant les guerres de religion. Elle se déclara pour le Prince de Condé en 1562, et pour le Duc de Rohan en 1620. Les Camisards s'en emparèrent par surprise le 7 décembre 1702, et n'y restèrent que trois ou quatre heures. Cavalier qui les commandait, fit brûler l'église, désarmer les habitans ainsi que la garnison, et tuer quelques prêtres qui s'y étaient réfugiés.

Les Juifs ont eu des établissemens à Sauve : la maison qui leur servait de Synagogue existe encore. Il y avait aussi une abbaye de Bénédictins (monastère de Saint-Pierre), fondée en 1029 par la famille Bernard, et qui a subsisté jusqu'en 1747; un hôpital dont la destruction remonte aux premières années du dernier siècle : une partie de ses revenus sert encore au bureau de bienfaisance. Sauve avait un temple protestant, qui fut renversé lors de la révocation de l'édit de Nantes. Vers la fin du XVII.[e] siècle, on y fonda un couvent de Capucins, lequel a existé jusqu'à l'époque de la suppression des Ordres religieux ; ce local a été vendu pendant la révolution. Sauve est un chef-lieu de canton de l'arrondissement du Vigan. Il y a un percepteur de contributions directes, un bureau d'enregistrement et un bureau de poste. Sa population est de 2,627 âmes, dont les deux tiers suivent le culte Réformé. Il y a une cure et une église consistoriale. C'est la patrie de Louis Astruc, fameux avocat, de Jean Astruc, célèbre médecin, de Florian (1), dont les productions littéraires sont connues de tout le monde, et du général Vallongue, mort au siége de Gaëte, couvert de lauriers, quoique jeune encore.

Le commerce de cette ville se réduit à fort peu de chose. On y faisait autrefois des étoffes de laine; il n'y a maintenant que des manufactures de bas et bonnets de coton. On y compte cent cinquante métiers. Sauve a quatre foires. Celle du premier septembre est assez considérable; elle dure trois jours. Il y avait jadis un marché qui se tenait le mercredi de chaque semaine; mais il n'existe plus depuis environ 70 ans. Cette ville a des casernes qu'on fit bâtir vers le milieu du dernier siècle, et une église située sur une place ornée d'arbres, au centre même de la ville. On voit à Sauve trois tours carrées: deux dans l'intérieur, et l'autre sur une élévation à une très-petite distance. Celle-ci paraît la plus ancienne; elle est en ruines et connue sous le nom de *Castélas*. Le château de Sauve est tout-à-fait moderne.

---

(1) C'est sur la foi de quelques personnes âgées, que je donne à la ville de Sauve l'honneur d'avoir vu naître Florian; on a cru jusqu'ici qu'il était né au château dont il portait le nom. M. le chevalier de Sauve eut un jour la complaisance de me montrer près du Pont-Vieux, la maison où naquit l'auteur d'Estelle.

La situation de la ville de Sauve est digne de piquer la curiosité des voyageurs ; elle offre un aspect bizarre, un paysage singulier. Ses maisons séparées par des rochers arides ou couronnées par eux, présentent à l'esprit l'image d'une catastrophe et semblent n'être que les restes d'un tremblement de terre. Dans la partie la moins élevée se trouve *la Fontaine*, source majestueuse qui fournit une très-grande partie des eaux du Vidourle. Il ne faudrait que des souvenirs attachés à la fontaine de Sauve, pour lui attirer une partie des hommages qu'on porte à celle de Vaucluse. L'admiration qu'elles inspirent l'une et l'autre, est toute différente. A Vaucluse, on est au milieu d'une nature sauvage à laquelle Laure et Pétrarque ont donné une couleur si vive, si tendre, si animée, qu'il est impossible d'être calme en présence de ce tableau. L'imagination agit puissamment sur l'observateur ; l'âme est ébranlée, le cœur attendri, et le jugement que l'on porte alors a quelque chose de passionné. A Sauve rien de tout cela n'existe ; on est entouré d'habitations qui ne rappellent que des souvenirs vagues, incapables d'ailleurs d'exciter le sentiment. La colonne d'eau qui sort du gouffre, est moins forte qu'à Vaucluse ; la cascade serait belle sans le moulin placé entre la source et la rivière ; mais ici, l'art n'a point embelli la nature.

Il y a encore à Sauve quelque chose qui distingue cette ville ; on y cultive le micocoulier (*celtis australis*), dont on fait des fourches. On se sert pour cela des jeunes pousses qu'on taille exprès, et qui, après sept ans de végétation, ont acquis la grosseur nécessaire. L'arbre est coupé à un pied de terre, et forme ainsi une *souche* d'où partent les jeunes pousses. Le produit de cette récolte est de vingt-quatre à trente mille francs par an. On appelle *Issars* les lieux où croissent les micocouliers ; ils font partie de la montagne de Couta, au pied de laquelle est bâtie la ville, sur la rive droite du Vidourle, à deux lieues et demie Sud d'Anduze et sur la route de Nismes au Vigan.

Tout près de Sauve existent trois précipices, dont le plus remarquable, appelé l'*Aven*, est très-profond et d'un bel aspect. Les deux autres, connus sous les noms du *Frère* et de la *Sœur*, sont moins grands ; l'ouverture de ce dernier est couverte depuis un certain nombre d'années. On croit que l'eau qui se voit au fond de ces précipices, communique avec celle de la fontaine ; on dit même y avoir jeté des objets qu'on prétend avoir vu reparaître avec les eaux de la source. Cette circonstance porterait à conjecturer qu'il existe sous les rochers du Couta une grande cavité, servant de réservoir aux eaux du Vidourle qui se perdent entre Saint-Hippolyte et Conqueyrac, et que ces mêmes eaux viennent ensuite sortir par la fontaine de Sauve. Il n'est pas inutile de dire que la source et les précipices donnent d'excellentes anguilles.

Entre la ville et l'*Aven* est le vieux château de *Roquevaire*, qui offre d'assez belles ruines. Plus loin et dans une autre direction, on trouve *les restes de l'ancienne ville de Mus* : c'est ainsi qu'on désigne un petit canal ou aqueduc que quelques personnes croient d'architecture romaine, des débris de vieilles murailles, et des fragmens de brique qui couvrent la terre sur un assez grand espace. Des propriétaires en creusant pour des plantations, ont trouvé dans ce lieu des vases de forme antique et des médailles, dont l'une porte l'effigie de l'Empereur Domitien. En 1807, on y découvrit des mosaïques très-bien conservées et des pierres sépulcrales. On pense que le nom de *Mus* donné à ce lieu, vient de *Musa*, chef sarrasin, qui peut l'avoir habité vers l'an 711. Le site en est sauvage : le Vidourle encaissé dans cet endroit par des rochers arides, présente à l'observateur qui parcourt ces petites gorges, des cavités en forme d'entonnoir, qu'on dirait avoir été creusées pour servir de bains aux habitans. Tout près de là, sur le chemin de Saint-Hippolyte, est le beau pont de *Tarieu*, formé d'une seule arche très-élevée. Ce n'est pas le

Vidourle qui passe sous ce pont, mais un ruisseau connu dans le pays sous le nom de *Romacel* ou *Rieumacel*.

QUISSAC. — Ce bourg formé de trois petits villages situés à quelques centaines de pas l'un de l'autre sur les bords du Vidourle, et réunis par un joli pont et par une chaussée qui sert de promenade, présente de dessus le pont même, un point de vue charmant. C'est, du reste, tout ce qu'il y a de beau; l'église ne mérite pas d'être citée.

Quissac est à trois lieues Sud d'Anduze et à une lieue Sud-Est de Sauve, sur la route de Montpellier et sur celle de Nismes au Vigan. Il y a des manufactures de bas et bonnets de coton. Il s'y tient une foire le 20 septembre. C'est un chef-lieu de canton dans l'arrondissement du Vigan, un chef-lieu de perception pour les contributions directes, et la résidence d'une brigade de Gendarmerie. Quissac a une cure et une église consistoriale. Sa population est de 1,413 habitans, dont les trois quarts sont Protestans. Le dernier chef camisard, Claris, est né dans ce bourg. Pendant les premières guerres de religion, il s'y passa quelques événemens. Le Maréchal de Damville s'en empara en 1573, après le fameux siége de Sommières; il fut pris encore par le Duc d'Uzès en 1575.

A un quart de lieue de Quissac, sur la rive

droite du Vidourle et au pied du Couta, on trouve les bains de *Fonsanche*. Cette source minérale n'est guère connue que dans la contrée, quoique Astruc en ait parlé dans ses Mémoires. Remarquable par sa singulière intermittence ; elle contient de l'hydrogène sulfuré (gaz hépatique), et c'est même à ce principe dominant, qu'elle doit ses véritables propriétés médicales. L'eau coule régulièrement deux fois par jour. Après 5 heures d'intermission, elle reparaît et ne s'épuise qu'au bout de 7 heures 25 minutes; ce qui fait que les écoulemens retardent de 50 minutes d'un jour à l'autre. Ce phénomène, dont l'explication n'a pas encore été donnée d'une manière satisfaisante, n'est pas aussi régulier que je viens de le dire, d'après Astruc. Pendant que j'habitais Sauve, j'ai été souvent à Fonsanche pour m'en assurer ; et s'il m'est permis de donner ici le résultat de mes observations, je dirai que j'ai vu dans cette périodicité beaucoup d'anomalies. L'eau de Fonsanche a une température de 20 degrés du thermomètre de Réaumur ; elle contient outre l'hydrogène sulfuré, une matière extractive savonneuse et une petite quantité de silice, de carbonate de chaux, des muriates et sulfates de soude et de magnésie. La boue du réservoir de la source contient de plus un oxyde de fer insoluble. Les maladies de la peau, et plus particulièrement les affections dartreuses, trouvent un remède souvent efficace dans l'emploi des bains et de l'eau de Fonsanche (1).

LÉZAN. — Ce bourg est à peu près au milieu de la vallée de Beau-Rivage. Situé sur le chemin de Nismes, à une lieue et demie Sud-Est d'Anduze, près du Gardon et sur sa rive droite, il est peuplé de 662 âmes, et n'a presque point de commerce. Lézan était autrefois entouré de murailles dont il reste encore des vestiges. On y voit un joli château et une église qui sert au culte Catholique, et que les Camisards incendièrent en 1703. C'est un chef-lieu d'arrondissement pour la perception des contributions directes (2).

---

(1) Les personnes qui désirent sur cette source des connaissances plus étendues, peuvent consulter les Mémoires pour servir à l'histoire naturelle du Languedoc, par Astruc, la notice de M. Boissières, médecin de S[t].-Hippolyte, et surtout l'intéressant journal des Bains, par M. Demorcy-Delletre, médecin à Sauve.

(2) En 1821, on trouva près de Lézan, un *ex-voto* qui prouve que la vallée de Beau-Rivage est habitée depuis bien des siècles, puisqu'il remonte aux époques du paganisme. C'est une offrande faite à la fièvre quarte, maladie commune dans ce pays. Cet ex-voto consiste en un piédestal de pierre calcaire blanche, d'une forme rectangulaire, presque carré, ayant au moins deux

La vallée de Beau-Rivage ne se fait admirer que par sa belle végétation. Fermée par des coteaux peu fertiles, elle n'offre aucun de ces grands accidens de la nature qui caractérisent les majestueuses vallées des hautes montagnes. Dans son étendue qui est d'environ deux lieues de longueur sur trois quarts de lieue de largeur, on rencontre beaucoup de hameaux et plusieurs villages. Parmi ceux-ci on distingue Cardet, à cause de sa situation dans la partie la plus riante de la vallée et de son joli château orné d'un beau jardin; Massanes, patrie d'*Estelle*, où se trouve aussi un château dans une position charmante. C'est de là que la vue de Beau-Rivage présente un site enchanteur. On peut citer encore Ribaute, grand village qui est un chef-lieu d'arrondissement pour la perception des contributions directes, et dont la commune a 617 habitans. Son nom vient de *ripa alta*,

---

pouces et demi de largeur sur sept de hauteur. Sur l'une des faces, on lit ces mots :

QVAR
TANAE
EX VOTO
ERVBRI
VS
ANNIAN.

Je possède cette pierre, qui m'a été donnée par M. Claris, de Lézan.

mots latins qui signifient *rive haute*, et qui expriment assez bien sa situation. Il y a un grand château et une église succursale de la cure d'Anduze. Ribaute a donné naissance au plus illustre des chefs camisards, au fameux Cavalier, qui traita de la paix avec un Maréchal-de-France.

Près de ce village est le château de Lascours, remarquable par ses belles prairies (1). De l'autre côté de la vallée, on aperçoit sur un tertre le village de Massillargues (2), dominé par un antique château, d'où l'on jouit d'une vue magnifique. La peste désola ses habitans en 1598. Les curieux pourront aller voir les vieilles églises de Gaujac, de Boisset, et surtout celle du *Monestier*, où l'on trouve d'autres restes d'un ancien monastère. Le hameau de *Taupessargues*, qui servit d'asile au général *Gilly* après les cent jours, est à une petite distance sur une des collines qui terminent la vallée. Ce fut près du Monestier, que commença l'affaire

(1) Ce château est le lieu de naissance et la demeure actuelle d'un officier supérieur, connu parmi les braves et chéri de toute la contrée.

(2) Massillargues peut avoir été la maison de campagne d'un romain appelé *Massilius*, comme Générargues celle de *Generus*, Marcassargues de *Marcassus*, Savignargues de *Savinius*, etc.

qui eut lieu, le 20 décembre 1703, dans la plaine de Tornac, entre les Camisards et les troupes royales commandées par de La Haye, Gouverneur de Saint-Hippolyte, et qui fut toute à l'avantage des Camisards.

LÉDIGNAN. — C'est un bourg situé à plus de deux lieues Sud-Est d'Anduze, sur le chemin de Nismes, entre la vallée de Beau-Rivage et celle de Florian. Louis XIII y coucha en 1629, le jour de son départ d'Alais. Lédignan, dont la population est de 695 âmes, est un chef-lieu de canton de l'arrondissement d'Alais, un chef-lieu de perception pour les contributions directes, et la demeure d'une brigade de Gendarmerie. La foire qui s'y tient chaque année, le 10 août, est une des meilleures des environs. Ce bourg, regardé comme le chef-lieu de la contrée connue sous le nom de *Gardonenque*, a une église consistoriale.

C'est à une très-petite distance de Lédignan, que fut livré le dernier combat entre les troupes royales et les Camisards. Ceux-ci commandés par Ravanel, n'étaient plus que les malheureux restes de la troupe de Cavalier. Surpris dans le bois de Saint-Bénézet et cernés de tous côtés par les troupes royales que dirigeait le Maréchal de Villars, ils crurent se sauver en évitant d'en venir aux mains et coururent à leur perte ; ils furent taillés en pièces sur les bords du Gardon entre Cardet et Maruéjols : c'était le 14 septembre 1704. Ceux qui échappèrent à ce massacre, se réunirent sous la conduite de Ravanel ; mais ils ne purent plus résister, comme ils l'avaient fait jusqu'alors : leurs mouvemens n'eurent aucune importance. Les troubles des Cévennes finirent bientôt après.

L'aride vallée de Florian renferme un château digne d'être vu ; c'est *la Rouvière.* La beauté et la fraîcheur de ses jardins forment un singulier contraste avec la sécheresse des lieux qui les entourent. La Rouvière est, sans contredit, la plus belle maison de campagne des environs d'Anduze. Au-delà du Gardon d'Alais et conséquemment hors des limites de la contrée que je décris, il en est une plus belle encore ; je veux parler du château de Vézénobres. Il y a dans ce monument un air de magnificence et de grandeur qu'il est rare de rencontrer dans les maisons de campagne du midi de la France. Je n'ai vu que le château *Borelli*, près de Marseille, qui offre quelque chose de plus grand. Du reste, celui-ci ne le cède en rien à ceux des environs de la Capitale pour l'éclat du luxe, et pourrait même être comparé aux maisons royales.

CHAPITRE SIXIÈME.

Coup-d'œil général sur l'Histoire naturelle des environs d'Anduze.

Les environs d'Anduze offrent sous le rapport de la nature, tous les genres de richesse. L'Histoire civile de cette contrée nous a présenté trop souvent des scènes de désolation, sur lesquelles nous n'avons, pour ainsi dire, jeté que des regards rapides, afin d'épargner à notre cœur de longs déchiremens. Son Histoire naturelle va nous offrir, au contraire, un grand et beau spectacle, où tout excitera notre admiration. Rien dans ce vaste tableau n'affligera notre âme. Nous y trouverons une étude agréable et instructive, très-propre d'ailleurs à faire naître des sentimens de reconnaissance envers l'Être puissant et sage qui créa toutes ces merveilles (1).

(1) L'étude de la nature procure des plaisirs très-vifs, dont le souvenir est toujours agréable. Je ne pense jamais sans regret aux herborisations que je faisais avant 1814, avec M. de Candolle, mon illustre maître, et j'ose dire mon ami, car il l'était de tous ses élèves, et m'honorait en particulier de ses conseils et de ses conversations instructives. Dans un écrit intitulé : Histoire

Nous allons examiner successivement les trois premiers règnes de la nature. Nous ne parlerons pas du règne atmosphérique ; on a dit au chapitre du climat et des saisons tout ce qu'on avait à faire connaître sur ce sujet. Nous étudierons d'abord le sol du pays ; nous nous occuperons ensuite des végétaux qui le couvrent et des animaux qui l'habitent.

I.re SECTION. — RÈGNE MINÉRAL.

Les masses minérales qui constituent la plus grande partie du sol des environs d'Anduze, forment plusieurs chaînes, dont la direction, quoique peu régulière, suit pourtant celle de la grande chaîne des Cévennes, laquelle s'étend du Nord-Est au Sud-Ouest. Parmi ces petites chaînes, il en est une qui se fait remarquer

---

des pavots, etc., je lui témoignai un jour ma reconnaissance; je me plais à renouveler l'expression de sentimens que le temps loin d'affaiblir n'a fait qu'augmenter. M. de Candolle est un de ces hommes extraordinaires, nés pour reculer les limites de la science. Professeur des plus distingués, il est aussi aimable que savant ; il honore Genève qui l'a vu naître et la France au milieu de laquelle il s'est acquis une gloire immortelle. Je ne puis séparer de ce nom célèbre MM. F. Dunal et F. Colladon, mes honorables amis, avec lesquels j'ai passé des journées charmantes dans l'étude de la botanique.

par sa longueur : celle-ci divise la contrée en deux parties bien distinctes. Elle va directement d'Alais à Saint-Hippolyte, en passant par Anduze. Ses points saillans sont le rocher du *Provençal* , *Pierremale* , *Saint-Julien* , *le Capelan* , *Lacan* , *Saint-Félix* , *Saint-Chaman*, et au-delà de Saint-Hippolyte, *le Sangle*, et *Roc-d'Alais* (1). Sa largeur varie beaucoup, et n'est jamais de plus d'un quart de lieue. La roche est de ce calcaire ancien qui forme le noyau du Mont-Jura. Il est compacte, sonore; sa couleur est d'un gris-cendré, sa pâte très-fine et susceptible d'un beau poli. Ce calcaire secondaire est parfaitement stratifié; ses couches, dont l'épaisseur varie d'un à trois pieds, sont souvent très-contournées et ont une forte inclinaison; elles plongent en général vers le Nord-Ouest, c'est-à-dire, vers les montagnes primitives sur lesquelles elles reposent. Cette roche renferme peu de minéraux et fort peu de minerais métalliques. On y rencontre quelques silex, des cristaux de spath calcaire(carbonate de chaux rhomboïdal ou en aigrettes), des couches de gypse (sulfate de chaux) (2), du

(1) Cette chaîne s'étend beaucoup encore, forme le terrain de Ganges, et au-dessous ces plateaux arides qu'on appelle *causses* du mot latin *calx*.

(2) Au versant septentrional de Pierremale, on ex-

plomb sulfuré et des pyrites martiales (fer sulfuré). Les coquilles y sont en petite quantité : je n'y ai trouvé que des *ammonites* et des *bélemnites ;* ce qui me porte à penser que les autres fossiles qui caractérisent cette espèce de roche, doivent y être fort rares (1).

Les montagnes qui forment cette chaîne, sont d'un aspect aride. Elles fournissent d'excellens pâturages aux bêtes à laine, et produisent des yeuses dont le bois est plus estimé que celui des autres montagnes calcaires, dont je parlerai bientôt et qui paraissent tenir à une autre formation. Celles-ci constituent plutôt des collines que de véritables montagnes. Il paraît que notre calcaire ancien tient à un vaste plateau qui s'étend jusqu'à la Méditerranée et qui se trouve recouvert dans certains endroits par un autre calcaire secondaire ou par des terrains tertiaires

---

ploite une carrière de gypse gris. Il y en a une au même versant de Saint-Julien, où l'on voit des veinules de sulfate de chaux soyeux et d'un beau blanc ; quelques morceaux qui ne sont pas soyeux ont une couleur rose.

(1) Au bas de cette chaîne on trouve dans quelques endroits des brèches de la nature de la roche. Il y en a une très-remarquable au *Crès* près du *Montau*, sur le versant oriental de Pierremale. La roche présente une surface tellement unie, qu'elle semble avoir été soumise au polissoir ; sa pâte est grise ou jaunâtre, et parsemée de cristaux blancs et de veines de la même couleur.

et de transport. Dans la partie méridionale de la contrée, on remarque plusieurs crêtes de ce plateau ; je citerai celles qui se trouvent aux limites et qui forment les montagnes de *Roucaute* et de *Couta*, dont le calcaire est de la nature de celui de *Pierremale*.

Les grandes masses de notre chaîne de calcaire ancien présentent de chaque côté de leurs versans, des collines irrégulières d'un calcaire dont la couleur est gris-de-fer, ou bleu, ou brun-noirâtre ; tantôt compacte, tantôt pulvérulent ; il est ordinairement fétide, siliceux ou argileux dans certains endroits ; sa cassure est brillante. Cette roche, comme celle du calcaire ancien, se trouve en couches inclinées, ayant la même direction, mais plus régulières et point contournées. Toutes les deux offrent quelquefois des masses et des blocs.

Les coteaux du vallon d'Anduze sont en général composés de ce calcaire fétide. A l'Ouest, la roche est pulvérulente ; aussi désigne-t-on cette partie du terrain par le mot de *Poulverel*, du latin *pulverulentus*. Les eaux qui coulent sur ces collines, sont chargées de molécules calcaires qu'elles déposent, en formant ainsi des tufs ordinairement poreux, quelquefois solides. Dans quelques endroits, et notamment à *Veirac*, on trouve des bancs de ces tufs d'une grande étendue. Leur couleur est jau-

27

nâtre; ils ont un grain terreux et présentent une cassure inégale. Ils sont en général friables, durcissent à l'air, et deviennent d'excellens matériaux pour la construction des maisons. Les bancs dont je parle, ont plus de trente pieds d'épaisseur. Je n'ai trouvé dans ces tufs que des empreintes de *fougères*, de feuilles d'*aune*, de *buis*, d'*yeuses*, de *chênes-blancs* et de *châtaigniers*, d'où l'on peut conclure que ces végétaux sont indigènes ou du moins fort anciens dans le pays. Quoique ce terrain se forme continuellement sous nos yeux, je n'ai pu y découvrir aucune feuille de mûrier, arbre que l'on y cultive depuis plus d'un siècle. On y voit un grand nombre de petites racines: j'en ai retiré l'empreinte d'une écorce qui me paraît avoir appartenu à un olivier.

Le calcaire fétide est siliceux dans quelques parties de l'*Arbousset*, de *Cadabuechs* et des autres coteaux de cette chaîne ; il contient des veines de silex *pyromaque*, et en général les espèces minérales et les minerais métalliques que nous avons signalés dans le calcaire ancien. Les fossiles y sont plus nombreux ; j'y ai rencontré souvent dés *pectinites*, des *bélemnites* et des *astéries*. Sur ce terrain calcaire siliceux, le châtaignier réussit parfaitement; la vigne, dans l'exposition de l'Est au Sud, y produit le meilleur vin des environs.

Outre les deux calcaires dont je viens de parler et dont l'un forme une chaîne remarquable et l'autre des collines qui suivent cette chaîne, on trouve encore un calcaire argileux qui alterne avec des couches d'une espèce d'argile : le mélange de ces deux terrains produit dans certains endroits des couches marneuses. L'argile dont il est question et qu'on trouve aussi dans les deux autres calcaires, sert de gîte à une très-grande quantité de fossiles : on peut citer des *baculites*, des *bélemnites*, des *cornes d'Ammon*. Les lieux les plus riches, sous ce rapport, sont le *Mas-Neuf*, la *Cannau* (1), et surtout le vallon de *Fressac ;* celui-ci renferme de grandes *ammonites* à la fois calcaires et ferrugineuses et beaucoup de *turbinites*. La roche calcaire qui se trouve à l'Est du vallon, contient des *gryphites*, des *ostracites*, des *tellinites* et des *pectinites*. C'est dans cette roche qu'on exploite, près de Durfort, des mines de galène ou plomb sulfuré ; on y trouve des cristaux de spath fluor (fluate de chaux) de différentes couleurs, et de la blende (sulfure de zinc).

Le calcaire argileux présente dans sa couleur, une nuance de bleu-cendré ou de jaune

(1) Près de la Cannau, dans le même terrain, est le hameau de *Barbusse*, où l'on trouve de belles pyrites martiales, les unes globuleuses, les autres cubiques.

pâle ; sa cassure est terreuse. Il constitue une bande qui repose du côté du Sud-Est sur la base des montagnes et des collines dont on vient de parler. Ce calcaire joint aux deux autres, le calcaire ancien et le calcaire fétide ou siliceux, constituent les trois quarts du sol des environs d'Anduze. C'est toujours à l'une de ces trois espèces, qu'il faut rapporter une infinité de nuances différentes qu'offrent ici les terrains calcaires. Il serait difficile de les décrire toutes : on dirait que la nature a voulu se jouer de nos classifications ; il semble même impossible de la dépeindre telle qu'elle est. Les terrains ne forment presque jamais des chaînes régulières, comme on nous les représente dans les livres ; il y a quelque chose de vague dans leur disposition, qu'il est difficile de saisir et surtout de faire connaître aux autres.

Au pied oriental de la chaîne de calcaire ancien, on trouve, près du hameau de Pierremale et derrière le village de Saint-Christol, des couches d'un calcaire blanchâtre, qui contient quelques veines d'une houille de mauvaise qualité. Cette houille n'est en effet qu'une argile anthraciteuse, comme celle de Valfonds et de Fressac, dont parle M. de Genssane, dans son Histoire naturelle de Languedoc. Non loin de Saint-Christol, on a trouvé dans du calcaire des poissons fossiles. Mais ces ichtyolithes ne peuvent pas être comparées aux belles empreintes du phyllade du Plattemberg, près de Glaris, en Suisse.

Pour terminer la description générale du terrain situé au-dessous d'Anduze entre Alais et Saint-Hippolyte, il me reste à parler d'une chaîne qui passe par Montmoirac, Ribaute, Lascours, Lézan, Massillargues, et se dirige ensuite sur Sauve. Elle se trouve presque partout placée entre des bandes de calcaire argileux. Connue dans le pays sous le nom d'*Amenla*, cette roche est une espèce de poudingue composé de cailloux roulés de différentes grosseurs, d'une pâte fine, le plus souvent d'un gris-clair ou rose : leur nature est calcaire comme le ciment qui les réunit. Les collines de cette chaîne sont peu élevées, disposées par masses et non par couches, du moins d'une manière bien apparente On fait avec cette roche d'excellente chaux maigre, plus estimée que celle qu'on retire du calcaire ancien. Elle est particulièrement appelée chaux *des Tavernes*, parce que c'est près du hameau de ce nom que se fait la meilleure de toutes et la plus connue. On trouve dans ce terrain du cristal d'Islande (carbonate de chaux) très-pur ; des fossiles en quantité, entr'autres des *nautiles*, des *ostracites* et des *échinites*. Ce dernier fossile est surtout fort commun dans l'aride vallon de *Perdiguier*, entre Sauve et la plaine de Florian.

L'argile qui constitue une très-grande partie du sol que nous venons d'étudier, rend les terres peu fertiles. Cependant elles sont en général très-propres à la végétation des céréales. Le blé surtout y produit d'abondantes récoltes; la vigne, l'olivier, ainsi que le mûrier, y viennent assez bien. Le Vidourle, et surtout les deux Gardons qui arrosent les parties les plus basses de ce terrain, y déposent, dans les temps de crue, des matières terreuses sous forme de limon : c'est là que la végétation est active et qu'elle étale toute sa fraîcheur et toute sa pompe.

La partie du sol des environs d'Anduze dont je n'ai point encore parlé, offre au géognoste un intérêt plus puissant. Jusqu'ici nous n'avons parcouru, en quelque sorte, qu'une seule nature de terrain, le calcaire. Cette espèce se présentera bien de nouveau à notre observation; mais nous aurons, en outre, des grès et des roches primitives à examiner, et c'est ce qui attirera plus particulièrement nos regards. La diversité dans la nature et la disposition de nos montagnes contribuent beaucoup à donner aux vallons qu'elles forment, cet aspect pittoresque, ce charme inconcevable dont le pouvoir se fait sentir chez tous les hommes.

En sortant de la gorge d'Anduze, on trouve

une petite chaîne de calcaire siliceux, qui forme dans le vallon de Labau les coteaux de *Moiniés*, *Puechrescas* et *Cabanoule*. Ses couches alternent avec une argile calcaire schisteuse et noirâtre. Celle-ci forme à elle seule la majeure partie du terrain de *Valunés*, lequel appartient à la première des trois collines que je viens de nommer. Le calcaire de Moiniés est noirâtre, un peu compacte, d'un grain petit, mais cristallin. D'après ces caractères minéralogiques, on serait tenté de le classer parmi les roches intermédiaires. Son gisement même semblerait l'y placer. La bande qu'il forme, s'appuie, d'un côté, sur le calcaire compacte ancien ; de l'autre, sur une chaîne granitique. Si l'on considère pourtant qu'il ne présente pas partout le même aspect ; que dans certains endroits, il ressemble beaucoup au calcaire bleu, brillant, qui se confond avec le calcaire fétide des collines du vallon d'Anduze, collines placées entre des bandes de calcaire secondaire, on sera porté à le confondre avec cette dernière formation. D'ailleurs, le principe fétide ne lui est pas tout-à-fait étranger, et j'y ai trouvé des ammonites. Son aspect grenu provient de la quantité de silice qu'il renferme, laquelle dépose entre les couches des cristaux et des veines de quarz hyalin. La silice manque dans d'autres couches de cette roche, et ce sont ces couches assez communes dans une partie de la chaîne, qui servent à faire l'excellente chaux maigre de Générargues, dont la réputation rivalise avec celle des Tavernes. L'alumine y est abondante dans certains endroits; elle forme à Puechrescas des couches d'une argile très-pure. Les potiers d'Anduze se servent des terres qui couvrent le pied de cette colline, pour la confection des beaux vases que nous avons signalés comme un des produits les plus remarquables de l'industrie des habitans.

Au-delà des calcaires dont on vient de parler, se trouve une chaîne granitique formée par les deux *Palières*, *Montfescau*, le *Serre de Cammau* et d'autres montagnes de la vallée de Saint-Jean-du-Pin. Cette roche est d'un gris-bleuâtre, comme celle qui constitue le noyau des grandes sommités des Basses-Cévennes; sa structure est porphyrique; ses cristaux de feldspath ont, en général, un ou deux pouces de longueur et affectent toutes sortes de directions. Dans quelques endroits de la chaîne, et notamment au col d'*Argiliers*, le granite se présente en masses fort irrégulières; il n'est point stratifié, du moins je n'ai pu apercevoir aucun indice de stratification. La bande qu'il forme est recouverte dans certaines parties de son étendue, surtout au versant méridional, par des grès et des poudingues. Elle est remarquable par des mines de fer, de plomb et d'argent, et par des terres martiales jaunes ou rougeâtres qu'on distingue de loin et qui présentent un aspect particulier. On y trouve de la baryte sulfatée (1), des ocres de différentes couleurs, du feldspath compacte avec dendrites (2), du quarz amorphe, du fer, du cuivre et du plomb sulfurés, du fer oxydé hématite.

Les Palières qui sont les points les plus intéressans de cette chaîne, méritent l'attention des géognostes. La plus haute de ces deux montagnes présente trois sortes de roches à son versant septentrional. Le granite occupe la partie supérieure; un calcaire tantôt compacte, tantôt brillant, constitue la partie basse. Entre ces deux roches est une bande de quarz, saillante dans plusieurs endroits, dans laquelle on exploite une mine de fer sulfuré, dont la gangue est ou du quarz ou de la chaux carbonatée (3). Là, on a trouvé du cuivre tétraèdre : un peu plus loin

(1) Le versant occidental de Montfescau en offre des blocs couverts de cristaux de quarz hyalin.

(2) Au col d'Argiliers et à celui de Rouveirac.

(3) M. Mirial aîné a établi au hameau des Palières, une belle fabrique pour extraire de ce minéral un sulfate de fer (couperose verte), qui rivalise avec celui des mines de Saint-Julien près d'Alais. M. Mirial, qui mieux que tout autre doit connaître la Grande Palière,

et dans du calcaire, de la houille de mauvaise qualité. Il y a encore des indices de houille sur la route de Saint-Jean-du-Gard, à l'endroit où la montagne présente des couches de grès alternant avec des couches calcaires; il y en a aussi au versant méridional dans la partie qui appartient à la commune d'Anduze, et dont autrefois on tirait des pierres meulières. Mais ce qu'il y a de plus intéressant sur cette chaîne, est la mine d'argent de l'Olivier; il serait à désirer qu'on entreprît quelques travaux pour voir si elle est réellement aussi riche qu'elle le paraît. Le métal est uni à du plomb sulfuré et contenu dans de la baryte. En suivant la chaîne, on en rencontre encore dans quelques endroits; mais la baryte n'y sert pas toujours de gangue. On en a trouvé à la *Parade*, à *Carnoulés* et à *Saint-Jean-du-Pin*. La mine de Carnoulés a été exploitée avant l'époque où M. de Genssane parcourut le Languedoc; depuis elle est abandonnée, quoique d'une grande richesse.

Les grès qui recouvrent cette petite chaîne

---

pense qu'elle repose sur un banc calcaire qu'on voit à sa base du côté du nord : mon opinion est diamétralement opposée. Je pense que ce digne ami ne me blâmera pas d'avoir cité son sentiment à cet égard, quoiqu'il soit contraire au mien.

granitique, forment du côté d'Alais des montagnes qui renferment une houille excellente. Elles offrent une particularité qui intéresse le géognoste : la roche y présente du grès et du calcaire, alternant quelquefois par couches au voisinage de la superposition du calcaire sur le terrain houiller. Le granite des Palières est presque partout en décomposition ; il offre çà et là des blocs très-durs, qui, brisés à l'aide de la poudre, présentent un noyau d'un aspect frais et bleuâtre (1). Ces rochers globuleux hérissent le flanc des montagnes et leur impriment un caractère menaçant. J'ai parlé d'un site qui doit à une grande quantité de ces masses arrondies un de ses principaux charmes. Quoique en général la terre qui provient de la décomposition des granites soit peu fertile, elle produit sur la chaîne des Palières une très-belle végétation.

Dès qu'on a franchi la petite chaîne granitique, on retrouve le calcaire gris-de-fer compacte ou pulvérulent, le plus souvent fétide. C'est de cette dernière nature que sont les pierres arrondies, d'un brun-noirâtre et à cassure brillante, qu'on rencontre par tas après

(1) Au *Serre* de Cammau, j'ai trouvé de l'amphibole dans quelques blocs.

le pont de Toiras, et que M. de Genssane prit pour des laves provenant d'un ancien volcan, dont la bouche, selon lui, subsiste encore au sommet d'une montagne voisine, mais qui dans la réalité n'a jamais existé. Ces roches calcaires forment une chaîne qui a plus d'une lieue de large dans certains endroits. Les montagnes qu'elles constituent, offrent à l'œil l'aspect de cônes aplatis, tout couverts d'yeuses ; leurs couches ont la même direction que celles dont nous avons déjà parlé. Ces montagnes forment presque tout le terrain de Saint-Sébastien, de Mialet, de Corbès et de Toiras.

Au-delà de ce calcaire est une petite chaîne de grès, dont les couches, comme celles du grès des Palières, alternent presque partout avec un calcaire argileux. Près du *Pontet*, sur la route de Saint-Jean-du-Gard, on y voit de petites couches d'argile anthraciteuse qui annoncent souvent la présence de la houille. Cette roche arénacée forme les montagnes que l'on rencontre avant d'arriver à Saint-Jean, entre Marcassargues et Mialet. L'une d'elles présente à sa cime des rochers d'une forme singulière, qui donnent au paysage de cette partie de la vallée un aspect très-pittoresque. Dans d'autres endroits, comme à Maleirargues, l'on trouve de ces grès qui tous reposent sur le pied des montagnes granitiques ou sur leurs versans.

Avant de parler de ces granites, je dois dire un mot d'un terrain de phyllade, situé entre Saint-Hippolyte et La Salle. En parcourant ce trajet, on trouve les trois grandes formations qui distinguent les chaînes régulières ; d'abord le calcaire divisé ici en deux bandes, formées l'une de calcaire compacte cendré, et l'autre de calcaire bleu ou gris-de-fer ; puis le schiste, et enfin le granite. Le schiste ou phyllade forme les montagnes du *Pontet*, hameau placé sur la route même, à égale distance de Saint-Hippolyte et de La Salle. Sa couleur est d'un gris foncé ; il se délite en feuillets minces dont la surface est rougeâtre et luisante ; ses strates sont fort inclinées vers le granite et pour la plupart contournées. Cette roche est couverte d'une belle végétation de châtaigniers, d'arbousiers et de bruyères. Le granite sur lequel elle s'appuie, forme la principale limite de notre contrée, et constitue le terrain de La Salle, Saint-Jean-du-Gard, une partie de celui des Aigladines, et quelques sommets de Saint-Jean-du-Pin, où nous avons vu plonger la petite chaîne des Palières, qui n'est vraisemblablement qu'un appendice de la grande chaîne dont je parle. Ce granite, comme celui des Palières, est gris, porphyroïde en général, quoiqu'on rencontre des blocs à petits grains d'un gris foncé, dans lesquels on n'aperçoit pas un seul cristal de feldspath qui puisse lui donner la structure porphyrique. Près de *Calviac*, il renferme des couches d'eurite, et à *Malesaigues* il est recouvert par des bancs de grès quarzeux à petits grains de différentes couleurs, et très-propres à servir de matériaux pour la construction. A Saint-Jean-du-Gard, on emploie à l'édification du temple celui qui est blanchâtre.

Les masses de cette grande chaîne granitique sont traversées par un grand nombre de fissures affectant différentes directions, mais généralement verticales. Cette circonstance de leur structure jointe à celle de leurs couches, dont la situation est également verticale, détermine l'aspect particulier de ces sortes de montagnes, qui présentent des crêtes tranchantes, des rochers crénelés et saillans, des arêtes vives et hachées. Nos granites offrent encore un autre aspect : ceux qui sont en décomposition (et c'est le plus grand nombre), constituent des masses arrondies et forment un terrain mamelonné ; tel est celui de *Rouveirac* entre La Salle et Saint-Hippolyte. La végétation de ces montagnes est très-riante : j'ai déjà cité les belles châtaigneraies de La Salle et de ses environs ; les autres sont presque aussi gracieuses.

Je terminerai cette section par quelques mots sur les carrières de gypse de La Salle, et sur les monticules de sable de Malbos, situés entre les Aigladines et Saint-Jean-du-Gard. Le gypse ou sulfate de chaux dont je parle, connu sous le nom de *plâtre blanc de La Salle*, repose dans un beau calcaire qui recouvre le granite dans la partie Sud-Est du vallon. Il s'y trouve en veines ou petites couches de différentes couleurs, parmi lesquelles il en est beaucoup d'un beau blanc bien cristallisé. *Saint-Bonnet*, *Claveyrolles* et *Novis* sont les lieux où se font les principales exploitations. Les monticules de sable de Malbos proviennent de la décomposition de quelques montagnes quarzeuses; plusieurs présentent un véritable kaolin.

Voilà tout ce que j'avais à dire sur le sol des environs d'Anduze. On voit combien il est varié, et combien serait instructive une étude approfondie de ses différens terrains. Nous avons parlé des mines d'argent, de plomb et de fer, sans citer tous les lieux où l'on a trouvé des indices de ces richesses minérales. Des travaux même ont été entrepris il y a long-temps; presque tous sont abandonnés. A Malbos on exploitait jadis une mine de plomb; à Toiras, une mine de fer. Si l'on faisait de nouvelles recherches, on trouverait, je n'en doute pas, sur divers points de la contrée, des mines dont l'exploitation serait avantageuse. La houille surtout, dont les indices sont si répandus, réclame à cause de son utilité, des entreprises de ce genre. Quelques propriétaires ont fait des essais infructueux. Il en est un entr'autres, dont la constance mériterait d'être couronnée par les plus heureux succès ; mais qui privé de guide dans ses travaux, entrepris d'ailleurs sur un terrain ingrat sous ce rapport, emploie fort inutilement peut-être, et son temps et sa fortune.

Le Gardon, quoi qu'en disent certains naturalistes, roule des paillettes d'or, qui proviennent des terres fauves que l'on rencontre çà et là sur nos montagnes ; elles sont en petite quantité, relativement aux paillettes de mica que fournit en abondance la décomposition des granites. Le Gardon roule aussi une très-grande quantité de cailloux. Ceux que j'ai examinés sont de quarz blanc compacte, de différentes espèces de grès et de calcaires, de granite, de phyllade, de gneiss, de serpentine et de schiste micacé.

II.e Section. — Règne végétal.

Dans le tableau de l'aspect du pays et dans l'énumération des substances alimentaires, j'ai parlé des végétaux qui couvrent la plus grande partie du sol des environs d'Anduze. Il en est d'autres encore, moins connus à la vérité, qui méritent d'occuper notre attention. Leur nombre, leur variété, l'élégance de leurs formes, la beauté des fleurs qu'ils produisent, leur verdure même, contribuent d'une manière puissante, à l'effet admirable de ces lieux, où la nature se présente tout à la fois et sauvage et cultivée. Ne pouvant pas donner ici le catalogue de toutes ces plantes, je m'attacherai de préférence à citer celles qui servent plus particulièrement à caractériser le pays. Voici leurs noms dans l'ordre des familles naturelles.

I. Classe. — Végétaux vasculaires ou acotylédones.

I. Sous-Classe. — Exogènes ou dicotylédones.

I. Dicotyl. à périgone double.

Renonculacées. — Les unes habitent les lieux frais, humides, les prairies, le bord des ruisseaux; les autres, les endroits un peu secs. Parmi les premières, on trouve les espèces suivantes : *ranunculus acris*, renoncule des prés, bouton d'or (*tagheïno*), *r. repens*, *r. bulbosus*, *r. chærophyllos*, *r. philonotis*, *r. aquatilis*; *ficaria ranunculoides*, ficaire ou petite éclaire; *aquilegia vulgaris*, ancolie. Parmi les secondes, *r. arvensis*, *r. falcatus*; *helleborus fœtidus*, ellébore fétide ou pied-de-griffon; *pœonia officinalis*, pivoine; *nigella damascena*; *delphinium consolida*, pied-d'alouette sauvage; *clematis vitalba*, clématite, herbe aux gueux (vulg. *avissâno*), et *c. flammula* (1).

(1) Malgré les soins que je me suis donnés pour recueillir les noms *patois* qui diffèrent des noms français autrement que par la prononciation, je n'en ai appris qu'un très-petit nombre. On doit donc s'attendre à trouver dans ce tableau bien des omissions involontai-

Malvacées. — Jolie famille qui n'offre ici que deux ou trois plantes, mais très-répandues dans les champs, au bord des chemins. Voici leurs noms : la mauve, *malva sylvestris* (vulg. *mâoulo*), *m. rotundifolia*; *althœa cannabina*, espèce de guimauve, vulgairement appelée *mâoulo blânco*. On cultive, pour l'ornement de nos jardins, la mauve en arbre, *lavatera arborea*, et la passe-rose ou rose trémière, *althœa rosea*. La mauve est très-employée ici dans la médecine domestique; on lui attribue de grandes propriétés.

Tiliacées. — Le tilleul, *tilia platyphyllos* (vulg. *tiul*), est rare dans ce pays.

Rutacées. — Deux espèces de rue, *ruta graveolens*, *r. chalepensis*, sont très-communes sur nos rochers calcaires. Le peuple appelle la rue, *rûdo*, et l'emploie avec confiance, surtout dans les affections nerveuses.

Caryophyllées. — Cette famille est un peu plus nombreuse que les précédentes. Elle nous fournit quelques jolies plantes; entr'autres, l'œillet, *dianthus caryophyllus* (vulg. *jirouflâdo*); les *silene paradoxa*, *s. muscipula*, *s. saxifraga*; *arenaria mucronata*; *saponaria ocymoides*, qui toutes embellissent nos rochers. Nous avons encore les *lychnis dioica* (vulg. *câoulichou*) *l. flos-cuculi*; *silene italica*; *stellaria graminea*; *saponaria officinalis*, saponaire (vulg, *sabounéto*), qu'on rencontre le plus souvent dans les lieux frais; la nielle, *agrostemma githago* (vulg,

---

res. Il y en aura également d'un autre genre, c'est-à-dire, que des plantes ou des animaux communs dans la contrée, auront échappé à mes recherches et ne se trouveront point ici. J'ai suivi pour l'orthographe des noms *vulgaires*, celle qui m'a paru la meilleure, sans m'assujettir à des règles sur lesquelles on n'est pas d'accord.

agnéto), le *cerastium arvense*, qui croissent dans les champs. On cultive dans nos jardins quelques beaux œillets.

Linées. — Deux seulement sont assez communes, *linum angustifolium* et *l. radiola* : elles habitent les lieux frais. On cultive peu le lin, *l. usitatissimum*.

Cistinées. — Deux cistes, *cistus Monspeliensis* et *c. salviæfolius*, couvrent quelques-unes de nos montagnes.

Violacées. — Les lieux humides sont embellis par deux espèces de violettes, *viola odorata* et *v. canina*. La pensée, *v. tricolor*, est dans tous les jardins.

Hespéridées. — L'oranger, *citrus aurantium* (vulg. *iranjé*), est un de nos arbres d'agrément.

Géraniées. — Ces plantes que le peuple appelle *aguyetos*, présentent ici plusieurs espèces communes: *Geranium Robertianum*, herbe-à-Robert, *g. molle*, *g. sanguineum* ; *erodium cicutarium*, *e. gruinum* ; bordent les chemins de jolies fleurs rouges ou violettes.

Sarmentacées. — La vigne, *vitis sativa*, est cultivée : elle est sauvage dans quelques endroits.

Hypéricinées. — Une seule espèce est répandue, c'est le millepertuis, *hypericum perforatum* (vulg. *trescolan*). On le trouve partout. Les bonnes femmes se servent avec confiance de sa préparation huileuse.

Acérinées. — L'érable de Montpellier, *acer Monspessulanum*, se plaît sur nos roches calcaires élevées. Le marronnier d'Inde, *æsculus hippocastanum*, orne les jardins et les promenades publiques.

Capparidées. — On cultive peu le câprier, *capparis spinosa*, quoique utile et très-beau.

Résédacées. — Deux plantes de cette famille, *reséda*

phyteuma et *r. luteola*, sont communes dans nos champs. Le *reseda odorata* est dans tous les jardins.

Crucifères. — Elles sont nombreuses et l'on en trouve partout. Dans les champs, *raphanus raphanistrum*, raifort sauvage (vulg. *rafanèlo*), *sinapis arvensis*, *alyssum campestre*, *thlaspi bursa-pastoris*, bourse-à-berger, *t. arvense*, tabouret (vulg. *amarèlo*), *t. saxatile*. Sur les murs, *cheiranthus cheiri*, violier jaune, *draba verna*. Dans les eaux et les lieux humides, *sisymbrium nasturtium*, cresson de fontaine (vulg. *graïssous*); *arabis thaliana*; *lepidium latifolium*, *l. procumbens*, passerages; *bunias erucago*. Sur les rochers, *alyssum spinosum*, alysson épineux; *biscutella lævigata*, *b. saxatilis*. On cultive plus ou moins : *raphanus sativus*, raifort, radis, petite-rave (vulg. *râbe*); *brassica oleracea*, choux (vulg. *câoulé*); *b. eruca*, roquette des jardins; *b. napus*, navet; *b. rapa*, rave, turnep; *sinapis nigra*, sénevé ou moutarde; *lepidium sativum*, cresson alénois (vulg. *anitor*). Le violier, *cheiranthus incanus*, orne tous nos jardins.

Papavéracées. — Famille qui produit de très-jolies fleurs. Dans nos champs, *papaver rhœas*, coquelicot (vulg. *rousélo*), *p. hybridum*, *p. argemone*; *fumaria officinalis*, fumeterre, *f. parviflora*. Dans les lieux frais, *chelidonium majus*, grande chélidoine ou éclaire; *fumaria capreolata*; et dans les lieux secs, le pavot cornu, *glaucium corniculatum*. Le pavot, *p. somniferum*, est un des plus beaux ornemens de nos jardins.

Frangulacées. — Le fusain, *evonymus europæus*, ainsi que le buisson épineux, *paliurus aculeatus* (vulg. *arnavés*), se trouvent dans les haies; deux nerpruns, *rhamnus alaternus et r. infectorius*, dans les lieux secs, sur nos rochers; et le houx épineux, *ilex aquifolium* (vulg. *agrévou*), sur quelques-unes de nos montagnes.

JUGLANDÉES. — On cultive peu le noyer, *juglans regia* (vulg. *noughié*).

TÉRÉBINTHACÉES. — Le térébinthe, *pistacia terebinthus* (vulg. *pudis*), et le lentisque, *p. lentiscus* (vulg. *restincle*), se plaisent sur nos rochers calcaires.

POLYGALÉES. — Famille remarquable par ses jolies petites fleurs bleues. Nous trouvons dans les lieux humides, le polygale commun, *polygala vulgaris;* et plusieurs véroniques, *veronica beccabunga, v. anagallis, v. chamædris, v. triphyllos;* dans les champs ou sur les murs, *v. arvensis, v. agrestis, v. hederæfolia;* dans les lieux un peu secs, *v. officinalis, v. teucrium.* Cette dernière, désignée par nos paysans sous le nom d'*érbo de la purjo*, est souvent employée par eux comme purgative.

LÉGUMINEUSES. — Famille intéressante et nombreuse. Elle renferme de très-belles plantes et fournit de très-bons alimens. On trouve communément dans les prés et les endroits un peu frais, deux espèces de trèfles, *trifolium pratense* (vulg. *entrefiél*), *t. repens;* deux lotiers, *lotus siliquosus, l. corniculatus;* deux gesses, *lathyrus aphaca, l. heterophyllus;* l'arrête-bœuf, *ononis natrix* (vulg. *agóousses*); dans les champs, au bord des chemins, *trifolium augustifolium, t. arvense, t. stellatum, t. fragiferum; vicia lutea* (vulg. *carnabióou*); *medicago orbicularis, m. lupulina; ornithopus scorpioides;* dans les lieux secs ou sur les rochers, le genêt d'Espagne, *genista juncea* (vulg. *jenés*), le genêt à balais, *genista scoparia*, le genêt épineux, *genista scorpius* (vulg. *arjatas*); l'*astragalus Monspessulanus*; le *dorycnium suffruticosum*; le baguenaudier, *colutea arborescens*; le *psoralea bituminosa*. On cultive les haricots, *phaseolus vulgaris*, *p. multiflorus* (vulg. *faviôous*); le pois, *pisum sativum* (vulg. *péze*); la vesce, *vicia sativa*; la fève, *faba vulgaris* (vulg. *fâvo*); la lentille, *ervum lens*; le pois chiche, *cicer arietinum* (vulg. *céze*); la gesse, *lathyrus sativus* (vulg. *jéisso*); la luzerne, *medicago sativa*; et le sainfoin, *onobrychis sativa* (vulg. *esparsé*). L'acacia, *robinia pseudo-acacia*, orne les jardins et quelques promenades publiques.

Rosacées — Dans cette famille on admire de belles fleurs et l'on trouve d'excellens fruits. Dans les endroits secs, comme les haies, les champs, le bord des chemins, on rencontre des églantiers ou rosiers sauvages, *rosa rubiginosa*, *r. sempervirens*, *r. canina* (vulg. *agalancié*); des ronces, *rubus fruticosus*, *r. cæsius*, *r. collinus* (vulg. *roûnzes*); des potentilles, *potentilla verna*, *p. reptans*, quinte-feuille, *p. hirta*, *p. recta*; le prunellier, *prunus spinosa* (vulg. *âougrunas*); l'aubépine, *mespilus oxyacantha* (vulg. *âoubrespi*); le poirier sauvage, *pyrus pyraster* (vulg. *peras*); le cognassier, *pyrus cydonia* (vulg. *coudougné*); l'azerolier, *mespilus azarolus*. Dans les lieux frais, l'aigremoine, *agrimonia eupatoria*; le fraisier, *fragaria vesca* (vulg. *majoufié*); *poterium sanguisorba*; *potentilla anserina*, argentine; la filipendule, *spiræa filipendula*. Dans les bois, *cratægus torminalis*, *c. aria*; le mérisier, *cerasus avium*; le néflier, *mespilus germanica* (vulg. *mescouïé*). On cultive plusieurs espèces de cerisiers, *c. semperflorens*, *c. juliana*, *c. duracina* (vulg. *ceriéïre*); *c. caproniana*, griottier (vulg. *âougroutié*);

le prunier, *prunus domestica;* l'abricotier, *armeniaca vulgaris;* l'amandier, *amygdalus vulgaris;* deux pêchers, *persica vulgaris* (vulg. *peché* et *âouberjé*) ; et *p. lævis* (vulg. *passegrié*), le sorbier ou cormier, *sorbus domestica;* le pommier, *malus communis;* le poirier, *pyrus communis* (vulg. *perié*); pour l'ornement des jardins, quelques rosiers, *rosa centifolia, r. semperflorens, r. gallica,* rose rouge ou de provins, *r. alba,* rose blanche, et le laurier-cerise, *cerasus tauro-cerasus.*

Salicaires. — La salicaire, *lythrum salicaria,* embellit le bord des ruisseaux.

Myrtinées. — Nous en avons deux belles espèces, le grenadier, *punica granatum* (vulg. *mïougragné*), qui croît dans les haies, et le myrte, *myrtus communis* (vulg. *erbo d'âou tâghi*) sur nos rochers arides. Le syringa, *philadelphus coronarius,* est dans tous les jardins.

Portulacées. — Le pourpier, *portulaca oleracea* (vulg. *pourtoutâïgo*), se trouve dans les lieux cultivés.

Groseilliers. — On cultive le groseillier, *ribes rubrum,* (vulg. *parabinèto*) ; et le *grossularia uva-crispa.*

Crassulacées. — Plusieurs espèces tapissent les murs ; entr'autres, *umbilicus pendulinus,* ombilic-de-Vénus, (vulg. *coucoumélo*); *sedum acre,* petite joubarbe ou vermiculaire, *s. album, s. telephium, s. altissimum.*

Saxifragées. — Il en est une qui couvre tous les murs, c'est la petite saxifrage, *saxifraga tridactylites;* une autre, *s. rotundifolia,* habite les endroits frais.

Ombellifères. — Les plus remarquables de ce pays sont : la pimprenelle, *pimpinella dioica* (vulg. *pimpanèlo*); *scandix pecten-Veneris,* peigne-de-Vénus; *heracleum sphondylium,* berce ; *caucalis grandiflora, c, arvensis; chœrophyllum sylvestre*, cerfeuil sauvage ; *æthusa cynapium*, petite ciguë (vulg. *jâouvertasso*) ; *anethum fœniculum*, fenouil (vulg. *fenoul*) ; *eryngium campestre*, chardon-Roland, ou panicaut (vulg. *pan-blan-d'âze*). Les unes habitent les champs, le bord des chemins, les lieux secs et arides; les autres, au contraire, les lieux frais, les prairies. On cultive la carotte, *daucus carotta* (vulg. *pastenâgo*), plante qui croît sauvage et en abondance dans les endroits secs ; on cultive aussi le persil, *apium petroselinum* (vulg. *jâouver*) ; le céleri, *a. graveolens* (vulg. *âpi*), et le cerfeuil, *chœrophyllum sativum* (vulg. *charful*).

Caprifoliées. — Nous avons le chèvre-feuille, *lonicera caprifolium* (vulg. *pantacoûsto*), et le cornouiller, *cornus sanguinea* (vulg. *courgné*), qui se plaisent dans les haies, sur les coteaux ; le sureau, *sambucus nigra* (vulg. *sambu*), et l'yèble, *sambucus ebulus*, dans les endroits humides; le lierre, *hedera helix* (vulg. *éouro*, *éouno*), qui se cramponne aux vieux murs, aux vieux arbres. On cultive pour l'ornement de nos jardins, le laurier-tin, *viburnum-tinus*, et l'obvier, *v. opulus* (vulg. *toumié*).

Rubiacées. — Dans les champs et dans les prés on trouve : *asperula arvensis; sherardia arvensis; galium aparine, g. verum*, caille-lait ou gaillet jaune, *g. mollugo*, caille-lait blanc ; sur les rochers, une espèce de garance, *rubia peregrina* (vulg. *arapô-man*).

Valérianées. — Une seule espèce, mais commune sur les rochers et sur les murs, se fait remarquer par son port élégant ; c'est le *centranthus ruber*. On trouve dans les champs : *valerianella olitoria*, mâches (vulg. *ampoulétos*), *v. dentata* ; et sur quelques collines, la valériane, *valeriana officinalis*.

Dipsacées. — On rencontre partout deux espèces de scabieuses; *scabiosa arvensis*, *s. leucantha.*

Composées. — Famille immense qui couvre de fleurs jaunes le joli tableau de la végétation. Voici les espèces qui attirent les regards: *lactuca virosa*, laitue vireuse; *andryala nemausensis; picris hieracioides; cichorium intybus*, chicorée sauvage; *scolymus hispanicus; echinops ritro; onopordum illyricum, o. virens; carlina vulgaris*, *c. subacaulis*, caméléon blanc (vulg. *cardoûïo*), plante qui sert d'hygromètre à nos paysans et dont le nom vulgaire désigne encore une fleur, mais d'une espèce bien différente. Cette double signification a donné lieu à un mot grivois que les gens du peuple disent aux femmes qui leur demandent si le temps est à la pluie. *Lappa major*, bardane ou glouteron (vulg. *lampoûrdo*); *carduus nutans*, *c. leucographus*, *c. tenuiflorus*, chardons (vulg. *cardous*); *centaurea cyanus*, bluet, *c. calcitrapa*, chausse-trape, *c. solstitialis; senecio vulgaris*, seneçon (vulg. *senissous*), *s. jacobæa*, jacobée, *s. tenuifolius; calendula arvensis*, souci sauvage; *bellis perennis*, paquerette (vulg. *margarîdo*); deux espèces de camomilles, *anthemis arvensis*, *a. cotula; achillea ageratum*, herbe au charpentier, *a. millefolium*, millefeuille; deux laitrons, *sonchus arvensis*, *s. oleraceus* (vulg. *lachassou*). Toutes habitent les champs et le bord des chemins. Dans les lieux incultes, arides, ou sur les rochers, on trouve: *lactuca perennis; hieracium murorum*, épervière, (vulg. *erbo d'âou féje*), *h. amplexicaule*, *h. pilosella*, piloselle ou oreille-de-souris; *barkhausia fœtida; catananche cœrulea; centaurea paniculata*, *c. collina; stœhelina dubia; leuzea conifera; arnica montana*, arnica; *elychrysum stœchas*,

30

immortelle sauvage ; *inula montana ; artemisia vulgaris,* armoise (vulg. *arsenîzo*); dans les endroits frais ou les prairies : *tragopogon pratense,* salsifis des prés ou barbe-de-bouc (vulg. *bouchi-bârbo*) ; *centaurea nigra ; taraxacum dens-leonis* , pissenlit (vulg. *pissoïé*) ; *tussilago farfara*, tussilage ou pas-d'âne ; *solidago graveolens.* On cultive la laitue, *lactuca sativa* (vulg. *lachûgo*) ; l'endive ou chicorée, *cichorium endivia ;* le salsifis , *tragopogon porrifolium ;* l'artichaud , *cinara scolymus ;* l'estragon, *artemisia dracunculus.* Dans les jardins on trouve également le souci, *calendula officinalis ;* le tournesol , *helianthus annuus* (vulg. *viro-sourel*) , et l'aunée, *inula helenium* (vulg. *luno-campâno*). La racine de cette plante jouit parmi le peuple d'une réputation bien singulière : on croit que ceux qui en portent dans leurs poches, ne peuvent point être atteints par les maladies contagieuses ; et comme ces bonnes gens en envoient partout, il n'est pas rare de rencontrer des personnes qui portent le prétendu préservatif.

Campanulacées. — Dans les champs on trouve, *campanula rapunculoides,* raiponce (vulg. *repounchous*), et sur les montagnes, *c. erinus* et *c. speciosa.*

Cucurbitacées. — Nous en avons deux espèces sauvages, la bryone couleuvrée ou vigne blanche, *bryonia dioica,* et le concombre sauvage, *momordica elaterium ;* six espèces cultivées, la courge ou calebasse, *cucurbita lagenaria ;* le potiron, *c. maxima ;* le pépon, *c. pepo* (vulg. *bouteiés*) , la citrouille ou pastèque, *c. citrullus* (vulg. *cîtro*) ; le melon, *cucumis melo,* et le concombre, *c. sativus* (vulg. *coudoûmbrié*).

Éricacées. — Sur quelques-unes de nos montagnes on trouve l'arbousier, *arbutus unedo* (vulg. *arbous*), et communément trois espèces de bruyères, *erica vagans*, *e. cinerea*, *e. scoparia* (vulg. *brüsses* , au sing. *bru*). C'est sur elles que les vers-à-soie filent leur cocon.

Oléinées. — On cultive l'olivier, *olea europœa*, arbre qu'on trouve à l'état sauvage et que l'on nomme alors *oulivastre*. Dans les endroits arides on rencontre le *phillyrea latifolia* et le *p. augustifolia* (vulg. *aladér*).

Jasminées. — Nous avons le jasmin jaune, *jasminum fruticans;* le troène, *ligustrum vulgare;* le frêne, *fraxinus excelsior* (vulg. *frâï*), et l'orne, *ornus floribera*. Dans tous nos jardins on voit le jasmin, *jasminum officinale* (vulg. *jâoussemin*), et le lilas, *lilac persica* (vulg. *lînla*).

Apocinées. — *Asclepias vincetoxicum*, *a. nigra*, le dompte-venin, et *vinca major*, la grande pervenche, habitent les lieux frais. Le laurier-rose, *nerium oleander*, est un des plus beaux ornemens de nos jardins.

Gentianées. — *Chlora perfoliata* et *chironia centaurium*, petite centaurée (vulg. *erbo de las fèbres*), habitent dans les endroits humides.

Convolvulacées. — Nous trouvons dans les haies, dans les champs, trois espèces de liserons, *convolvulus sepium* (vulg. *campanéto*), *c. cantabrica* et *c. arvensis* (vulg. *courejôlo*); sur quelques plantes, deux cuscutes, *cuscuta major*, *c. minor*.

Borraginées. — Il y en a dans les champs et sur les rochers: *heliotropium europœum*, héliotrope sauvage; *echium vulgare*, *e. pyrenaicum*, vipérines; *lithospermum fruticosum*, *l. officinale*, *l. arvense*, grémil ou herbe-aux-perles; *myosotis annua*, *m. perennis*, souvenez-vous-de-moi; *cynoglossum officinale*, *c. pictum*, *c. cheirifolium*, cynoglosses (vulg.

tengo-câno) ; dans les endroits frais, et humides, *symphytum officinale*, grande consoude ; *anchusa italica*, buglose ; *borrago officinalis*, bourrache. Cette dernière est souvent employée par le peuple dans les catarrhes et les fluxions de poitrine.

Solanées. — Au bord des chemins, dans les champs et sur les rochers : *verbascum sinuatum*, *v. lychnitis*, *v. blattaria*, *v. thapsus*, bouillon-blanc ou molène (vulg. *tapâsso*); *solanum dulcamara*, douce-amère, *s. nigrum*, morelle ; *hyoscyamus niger*, jusquiame noire ou hanebane (vulg. *endourmidoûïro*), *hyoscyamus albus*, jusquiame blanche ; dans les lieux un peu frais, *datura stramonium*, pomme épineuse ; *physalis alkekengi*, alkékenge ou coqueret. On cultive la pomme de terre, *solanum tuberosum* (vulg. *tuféro*) ; l'aubergine ou mélongène, *s. melongena* ; la pomme d'amour ou tomate, *lycopersicum esculentum* (vulg. *toumâco*), et le piment, poivron, poivre d'Inde, *capsicum annuum* (vulg. *courat*).

Personnées. — Jolie famille qui nous fournit dans les lieux stériles, la scrofulaire, *scrophularia canina* ; sur les murs et les rochers, le muflier ou mufle-de-veau, *anthirrinum majus* (vulg. *cacalaca*), la cymbalaire, *linaria cymbalaria*, et une autre linaire, *l. supina* ; sur quelques-unes de nos montagnes, la digitale pourprée, *digitalis purpurea*, et la digitale jaune, *d. lutea* ; dans les endroits humides, *rhinanthus glabra* ; *orobanche major*, *o. ramosa*.

Labiées. — C'est une des plus belles et des plus nombreuses familles du règne végétal. Plusieurs espèces habitent les champs, le bord des chemins, les lieux secs, telles sont : *salvia officinalis*, sauge (vulg. *sâouvio*), *s. sylvestris*, *s. verbenaca* ; *teucrium chamædrys*, petitchêne ou germandrée ; *mentha rotundifolia*, *m. sylvestris*, menthe sauvage (vulg. *mentâstre*), *m. pulegium*, pouliot ; *lamium album*, ortie blanche, *l. amplexicaule ; marrubium vulgare*, marrube (vulg. *marîble*) ; *stachys germanica ; origanum vulgare*, origan ; *thymus nepeta*, *t. serpillum*, serpolet (vulg. *serpout*) ; *ballota fœtida* ; d'autres sur les rochers, *rosmarinus officinalis*, romarin (vulg. *roumani*) ; *teucrium scorodonia*, *t. flavum*, *t. capitatum ; satureia montana*, sarriette (vulg. *sabriéje*) ; *phlomis herba-venti*, *p. lychnitis* (vulg. *saouvio blânco*) ; *thymus vulgaris*, thym (vulg. *frigoûlo*) ; *calamintha grandiflora*, mélisse à grandes fleurs ; *brunella grandiflora ; lavandula stœchas*, lavande, *lavandula spica*, aspic (vulg. *badâfo* ou *espi*) ; quelques-unes dans les lieux frais, les prairies, *salvia pratensis*, sauge des prés (vulg. *prudôme*); *ajuga pyramidalis*, *a. reptans*, bugles ; *glechoma hederacea*, lierre terrestre ; *brunella vulgaris*, brunelle. On trouve dans les jardins la menthe-poivrée, *mentha piperata ;* la mélisse ou citronnelle, *melissa officinalis* (vulg. *aveliâno*) ; le basilic, *ocymum basilicum* (vulg. *bazari*).

Pyrénacées. — La verveine, *verbena officinalis*, est très-commune dans les champs et au bord des chemins ; on cultive dans les jardins la verveine odorante, *v. triphylla* (vulg. *limounéto*).

Acanthacées. — Dans des endroits ombragés et humides, on trouve l'acanthe ou branche-ursine, *acanthus spinosus*.

Primulacées. — Nos champs sont couverts de mourons, *anagallis phœnicea*, et *a. cœrulea* (vulg. *mourious*) ; les lieux frais et humides sont embellis par la primevère, *primula officinalis*, le *lysimachia vulgaris*, et le *samolus valerandi.*

II. Dicotil. à périgone simple.

Plantaginées. — Plusieurs espèces de plantains ornent le bord de nos chemins et les prairies, *plantago major*, *p. media*, *p. lanceolata* (vulg, *erbos de cin côstos* ou *plantâjé*).

Chénopodées. — On rencontre dans des endroits secs, la camphrée, *camphorosma monspeliaca*, et le long des murs, l'arroche puante ou vulgaire, *chenopodium vulgare.* On cultive la poirée, *beta vulgaris* (vulg. *bledo*), sa variété appelée betterave (vulg. *bleto-râvo*), et les épinards, *spinacia inermis*, *s. spinosa.*

Polygonées. — On trouve dans les prés, les fossés humides : *rumex patientia*, la patience, *r. acutus*, patience sauvage ou parelle (vulg. *bles*) ; au bord des chemins, *polygonum aviculare*, renouée, traînasse ou centinode. On cultive l'oseille, *r. acetosa* (vulg. *aï-grêto*), et le blé-noir ou sarrasin, *p. fagopyrum.*

Laurinées. — Le laurier, *laurus nobilis*, se plaît dans quelques endroits frais et élevés.

C'est entre la famille des Laurinées et la suivante, que je crois devoir placer le *coriaria myrtifolia*, plante qu'on a rapprochée de plusieurs familles et qui paraît appartenir à la section des *Exogènes à périgone simple.* Elle est connue dans ce pays sous le nom de *redou*, et passe chez le peuple pour un poison violent.

Thymélées. — Le garou ou sainbois, *daphne gnidium* (vulg. *canto-perdris*), et le mézéréon ou bois-gentil, *d. mezereum* (vulg. *trintanèlo*), embellissent quelques-unes de nos montagnes.

ARISTOLOCHES. — Quelques aristoloches, *aristolochia pistolochia, a. longa, a. rotunda, a. clematitis,* (vulg. *fâouterno*), sont communes dans les champs, dans les vignes et sur les rochers.

EUPHORBIACÉES. — Dans les champs on rencontre deux mercuriales, *mercurialis tomentosa* et *m. annua* (vulg. *cagarèlo*). La décoction de celle-ci est très-employée en lavement par tous les habitans de la contrée. On trouve aussi plusieurs espèces de tithymales, *euphorbia segetalis, e. paralias, e. helioscopia, e. sylvatica, e. serrata, e. cyparissias, e. charassias* (vulg. *jinoûsclo*); le buis, *buxus sempervirens* (vulg. *bouy*), orne beaucoup nos collines et nos montagnes.

URTICÉES. — La grande ortie *urtica dioica*, l'ortie-grièche, *urtica urens* (vulg. *ourtîgos*), et le houblon, *humulus lupulus* (vulg. *tantaravêl*), sont communes dans les haies et les fossés. La pariétaire, *parietaria officinalis* (vulg. *panatâïo*), se plaît sur les murs; le *xanthium spinosum*, au bord des chemins. On cultive le mûrier blanc, *morus alba* (vulg. *amourié*), et fort peu le chanvre, *cannabis sativa* (vulg. *câmbi*). Le mûrier noir, *morus nigra*, est très-rare.

AMENTACÉES. — Cette famille renferme une grande partie des arbres de la contrée. Eux seuls forment le long de nos rivières et de nos ruisseaux, ces belles végétations qu'on appelle *vigères* dans ce pays. On y distingue trois ou quatre espèces de saules, surtout le saule blanc, *salix alba* (vulg. *sâouze*), l'osier, *salix viminalis* (vulg. *amarigné*); le peuplier noir, *populus nigra* (vulg. *vijou*), le peuplier blanc, *p. alba* (vulg. *âoubo*), le peuplier d'Italie, *p. fastigiata* (vulg. *pîvou*); l'aune ou verne, *alnus glutinosa* (vulg. *ver*). L'yeuse ou chêne-vert, *quercus ilex* (vulg.

bouze), couvre nos montagnes calcaires; le châtaignier, *castanea vulgaris* (vulg. *castagné*), nos montagnes siliceuses. Çà et là, on rencontre des chênes-blancs ou rouvres , *q. racemosa* et *q. sessiflora* (vulg. *roûve*), le chêne épineux , *q. coccifera* (vulg. *agôousses*); dans nos jardins le charme, *carpinus betulus;* le coudrier ou noisetier, *corylus avellana* (vulg. *avelagné*) ; le platane , *platanus orientalis ;* l'orme, *ulmus campestris* (vulg. *oûme*). Le micoucoulier, *celtis australis* (vulg. *fanabrégou* ou *belicoukié*), habite les endroits secs. On le cultive à Sauve.

Conifères. — Nous n'avons que le pin, *pinus pinea* , et deux genévriers , le *juniperus communis* , et l'oxycèdre ou cade de Provence , *j. oxycedrus* (vulg. *câde*). Celui-ci forme des arbres de dix à quinze pieds de haut qui habitent nos calcaires arides. L'if, *taxus baccata*, se trouve dans quelques jardins. Je ne connais dans toute la contrée qu'un seul sapin, *abies pectinata.* Le cyprès, *cupressus sempervirens* (vulg. *cyprié*) , n'est pas rare.

II. Sous-Classe. — Exogènes ou monocotylédones.

I. Monocotyl. phanérogames.

Alismacées. — Ces plantes vivent dans l'eau ou dans les endroits humides. Nous avons le plantain d'eau, *alisma plantago* , et quelques *potamogetons.*

Aroïdes. — Nous trouvons dans des lieux frais, la serpentaire, *arum dracunculus ,* et le gouet ou pied-de-veau , *a. vulgare* et *a. italicum.*

Orchidées. — Plusieurs espèces habitent nos prairies et les lieux ombragés, *orchis morio , o. maculata* , *o. bifolia; ophrys apifera; epipactis latifolia; limodorum abortivum.*

Iridées. — L'iris-flambe, *iris germanica* (vulg. *coutélo*), orne nos rochers, et le glayeul, *gladiolus communis* (vulg. *coutélo*), embellit nos champs et nos prairies.

Amaryllidées. — Le narcisse des poètes, *narcissus poeticus* (vulg. *anédo*), est très-commun dans les prés. On trouve sur les rochers calcaires, la jonquille, *n. jonquilla*, et le *n. dubius*.

Smilacées. — Le *smilax aspera*, et le petit-houx, *ruscus aculeatus* (vulg. *ver-bouïssou*), sont communs dans les haies et sur les rochers.

Liliacées. — Dans les champs et dans les prés, on rencontre : *Muscari ambrosiaceum, m. racemosum* (vulg. *coucu*); *ornithogalum umbellatum, o. luteum; allium roseum, a. victorialis;* dans les haies, l'asperge sauvage, *asparagus tenuifolius*, et dans les lieux incultes, l'asphodèle, *asphodelus ramosus*. On cultive l'asperge, *a. officinalis* (vulg. *espârghe*), l'oignon, *allium cepa* (vulg. *cébo*), l'ail, *a. sativum*, (vulg. *al, âïé*), et le porreau, *a. porrum* (vulg. *pore*). Le lis, *lilium candidum* (vulg. *éli*), la tulipe, *tulipa suaveolens*, et la jacinthe, *hyacinthus orientalis*, sont dans presque tous nos jardins.

Colchicacées. — Une seule espèce, le colchique d'automne ou tue-chien, *colchicum autumnale* (vulg. *estranglo-chi*), est commun dans nos prairies.

Joncées, Typhacées et Cypéracées. — Ces trois familles fournissent une grande quantité de plantes qui ont à peu près le même port, et qui, pour la plupart, habitent au milieu des eaux, ou dans les lieux humides.

Je citerai seulement l'*aphyllanthes monspeliensis*, plante à jolie fleur bleue, qui appartient à la première de ces familles, et que l'on rencontre à chaque pas sur les rochers, dans les vignes, et même aux bords des chemins.

Graminées. — Elles sont très-nombreuses et couvrent une grande partie du sol. Les prairies, les gazons, les terrains incultes, en offrent beaucoup d'espèces. Les principales sont les suivantes : *Anthoxanthum odoratum ; alopercurus pratensis, a. agrestis ; phleum pratense, p. nodosum ; panicum viride, p. glaucum, p. crus-galli ; paspalum dactylon ; agrostis canina ; stipa juncea ; lagurus ovatus ; melica ciliata ; avena pratensis ; poa pratensis, p. bulbosa ; briza maxima, b. media ; bromus pratensis, b. sterilis, b. arvensis, b. mollis ; dactylis glomerata ; chamagrostis minima ; nardus aristata ; œgilops ovata, œ. triunciatis ; triticum repens*, chiendent (vulg. *grâme*); *lolium temulentum, l. perenne*, ivraie (vulg. *margal*), *l. tenue ; hordeum murinum, h. secalinum ; andropogon gryllus*. Parmi celles qui vivent au bord des eaux, on distingue la canne de Provence, *arundo donax*, et le roseau, *a. phragmites* (appelées vulgairement *canélos*). On cultive celles-ci : *Triticum sativum*, blé (vulg. *bla*); *avena sativa*, avoine (vulg. *civâdo*); *hordeum vulgare*, orge (vulg. *ordi*); *secale cereale*, seigle (vulg. *seyo*); *mays zea*, maïs, blé-de-Turquie (vulg. *blamaré*); *panicum miliaceum*, millet (vulg. *mil*).

II. Monocotyl. cryptogames.

Équisétacées. — Trois espèces de prêles, *equisetum arvense, e. telmateya, e. hiemale*, se trouvent ici dans les lieux humides, au bord des eaux et sur les montagnes ombragées ; leur nom vulgaire est *cassóouto.*

Fougères. — Assez communes dans nos environs, les fougères embellissent les endroits les plus frais de nos montagnes. Voici les plus remarquables : *Adianthum capillus-Veneris* , capillaire de Montpellier; *ceterach officinarum* , herbe dorée ; *asplenium adianthum-nigrum* , capillaire noir, *a. trichomanes*, le politric , *a ruta-muraria ; polypodium vulgare*, polypode de chêne : elles habitent près des fontaines , sur les murs et les rochers humides , les vieux arbres. *Scolopendrium officinale*, scolopendre ; *polystichum filix-mas*, fougère mâle; *athyrium filix-fœmina ; pteris aquilina*, fougère commune (vulg. *féouze*) ; *asplenium dryopteris*, habitent les lieux uu peu frais.

II. Classe. — Végétaux cellulaires ou acotylédones.

I. Acotyl. foliacés.

Mousses. — Tout le monde connaît l'aspect charmant de cette intéressante famille, qui couvre d'une verdure admirable les lieux frais et ombragés , les vieux murs, les arbres de haute-futaie, les rochers humides. Dans nos environs , elle offre une grande quantité d'espèces.

Hépatiques. — Beaucoup moins nombreuses que les mousses, elles habitent dans les mêmes lieux et présentent à peu près le même aspect.

II. Acotyl. aphylles.

Lichens. — Leur nombre est très-considérable. Ils tapissent de différentes couleurs, les arbres, les murs et surtout les rochers, auxquels ils donnent cette variété d'aspect qu'on admire à chaque pas dans les pays montagneux.

Hypoxylons. — Ces plantes qui ressemblent, les unes aux lichens, les autres aux champignons, sont aussi nombreuses que les hépatiques et vivent presque toutes sur l'écorce des arbres. On en trouve quelques espèces sur les feuilles, les rochers, les pierres et les murs.

Champignons. — Grande famille, assez riche dans cette contrée, et d'un intérêt bien différent de celui qu'inspirent les lichens : ceux-ci donnent à la nature des couleurs durables; les autres sont éphémères et fournissent des poisons ou des alimens délicieux. Parmi ces derniers, nous distinguons l'oronge, *agaricus aurantiacus* (vulg. *bouté rouje*), l'oronge blanche, *a. ovoideus* (vulg, *bouté blan*) ; le bolet comestible (*boletus edulis* (vulg. *nissoutous*).

Algues. — Ces plantes qui, pour la plupart, vivent dans les eaux, offrent peu d'espèces dans nos environs. On remarque parmi elles quelques conferves.

Je n'ai pas cru nécessaire de rendre cet article plus long. J'ai cité seulement les végétaux les plus remarquables de ce pays, soit sauvages, soit cultivés. Le sol des environs d'Anduze est très-riche en plantes; et je ne crois pas exagérer, en disant qu'il en contient plus de trois mille: les végétaux cellulaires en forment seuls près du tiers. Les graminées nous donnent une jolie verdure ; les amentacées bordent nos rivières de beaux arbres ; le labiées embaument l'air de suaves odeurs ; et les composées étalent partout leurs belles fleurs jaunes. Dans les jardins, sur les coteaux, dans les prairies, la famille des rosacées montre ses arbres fruitiers, ses arbustes et ses jolies plantes ; les légumineuses et les crucifères, le tribut de leurs richesse, soit pour l'agrément, soit pour l'utilité. Enfin, il est encore des familles peu nombreuses et moins connues, qui répandent aux environs d'Anduze une grande variété de belles couleurs et de formes gracieuses. Tous ces arbres, toutes ces plantes, croissant ensemble dans un pays dont le sol est si varié, produisent, par leur rapprochement, les tableaux les plus animés que puisse offrir la nature. L'imagination ne peut fournir à l'esprit rien d'aussi frais, d'aussi aimable, que ce qu'aperçoivent les yeux. Charme séduisant ! Heureux l'homme qui peut te sentir et passer ses jours à te contempler !

III.e Section. — Règne animal.

Les deux règnes que nous venons de parcourir, nous ont offert un intérêt particulier, celui de déterminer d'une manière positive l'aspect du pays. Le règne animal y ajoutera ce mouvement sans lequel la nature paraît morte à nos yeux, malgré l'éclat de ses couleurs. Nous avons signalé un grand nombre de productions végétales ; nous verrons que les animaux sont aussi très-nombreux : richesse qui dépend des différentes températures et de la diversité des sites de notre contrée.

I. Grande classe. — Animaux vertébrés.

1. Mammifères.

Le nombre des Mammifères est assez considérable dans ce pays. Voici les principaux, ceux du moins qui sont généralement connus.

Carnassiers. — Deux espèces de rhinolophes, *rhinolophus hipposideros* et *r. ferrum-equinum ;* elles habitent les grottes. Plusieurs espèces de chauve-souris, *vespertilio murinus*, *v. noctula*, *v. serotinus.* Les rhinolophes et les chauve-souris sont désignés vulgairement sous le nom de *ratopenâdo.* La musaraigne, *sorex araneus.* Deux espèces de taupes, *talpa europæa* et *t. citrina :* celle-ci, la taupe-citron, est également connue des naturalistes sous le nom de taupe-d'Alais, parce qu'elle fut trouvée la première fois dans les environs de cette-ville. Le putois, *mustela putorius* (vulg. *pudis*) ; la belette, *m. vulgaris* (vulg. *moustélo*), la marte, *m. martes* (vulg. *martre*), la fouine, *m. fouina ;* la loutre, *lutra vulgaris* (vulg. *loûiro*) ; le loup, *canis lupus ;* le renard, *canis vulpes ;* la genette, *viverra genetta ;* le chat sauvage, *felix catus* (vulg. *ca*).

Rongeurs. — Le loir, *myoxus glis.* Plusieurs espèces de rats : Le rat d'eau, *mus amphibius* (vulg. *ragríoure*) ; le campagnol, *m. arvalis ;* le rat, *m. ratus ;* la souris, *m. musculus ;* le mulot, *m. sylvaticus.* Tous les rats sont appelés vulgairement par les mots de *ratas*, *ra* et *raté*, selon leur grosseur. L'écureuil, *sciurus vulgaris* (vulg. *eskirôou*). Ce mammifère ne se trouve communément qu'au-dessus de La Salle et de S.t-Jean-du-Gard ; on en rencontre quelquefois dans la partie montagneuse de notre contrée. Le lièvre, *lepus timidus* (vulg. *lèbre*) ; le lapin, *l. cuniculus.* Le castor, *castor fiber*, a été rencontré dans ce pays ; mais il y a longtemps qu'on n'en a point vu (1).

Plusieurs mammifères vivent ici à l'état domestique : tels sont, parmi les carnassiers, le furet, *mustela furo* ; le chien, *canis vulgaris* (vulg. *chi*), dont les races sont presque toutes croisées ; le chat, déjà cité comme animal sauvage. Dans les pachydermes, le cochon, *sus scrofa* (vulg. *pór*). Le sanglier, ou cochon sauvage, habitait jadis les forêts de ce pays. Le cheval, *equus caballus*, et l'âne, *e. asinus* (vulg. *âse*, la femelle *sâoumo*). Nous avons peu de chevaux de race ; ils sont presque tous d'une nature chétive : les mules sont au contraire assez belles en général. Parmi les ruminans, le bœuf, *bos taurus* (vulg. *biôou*) ; le mouton, *ovis tragelaphus* (vulg. la femelle *fédo*) ; la chèvre, *capra œgagrus* (vulg. *câbro*) (2).

2. Oiseaux.

Cette contrée renferme un très-grand nombre d'oiseaux, parmi lesquels il en est qui l'habitent constamment ; d'autres la quittent au printemps ou en automne ; d'autres enfin ne font que passer, et même plusieurs de ceux-ci ne sont que de passage accidentel. Je vais désigner les principales espèces.

---

(1) En 1763, deux castors commencèrent une construction au-dessous de Paulhan, sur la rive gauche du Gardon. Au lieu de les protéger, on leur fit la chasse. Le mâle fut tué en traversant la rivière ; la femelle disparut, et on ne put savoir ce qu'elle était devenue. M. Paulet qui rapporte ce fait, acheta le castor : sa chair lui parut délicieuse.

(2) Il m'a paru inutile de désigner ces animaux domestiques par le nom du mâle et par celui de la femelle. Un seul suffit sans doute, et j'ai préféré le plus connu, quoiqu'il exprime, pour quelques espèces, les individus châtrés, tels sont le bœuf et le mouton.

Rapaces. — Le vautour fauve, *vultur fulvus.* Cet oiseau de proie est commun dans les Cévennes ; il descend quelquefois dans ce pays. L'aigle commun, *falco melanoëtes:* celui-ci est très-rare. Le jean-le-blanc, *f. gallicus,* le milan, *f. milvus,* et la buse, *f. buteo,* sont appelés vulgairement *tartâno.* L'épervier, *f. nisus,* le hobereau, *f. subbuteo,* le rochier, *f. lithofalco,* et la cresserelle, *f. tinnunculus,* sont confondus par le peuple sous le nom de *mouycé.* Le grand duc, *stryx bubo* (vulg. *dûgou*); le hibou, *s. otus* (vulg. *cho-banu*); le petit duc, *s. scops* (vulg. *picho cho-banu*); le chat-huant, *s. stridula* (vulg. *béou-l'óli*); la frésaie, *s. flammea* (vulg. *daméto*); la chouette, *s. uiula* (vulg. *cho*); la chevêche, *s. passerina.*

Passereaux. — La pie-grièche grise, *lanius excubitor* (vulg. *tarnagas* ou *tarnagâsso*), et la pie-grièche rousse, *l. rufus.* La grive, *turdus musicus* (vulg. *cesero*); le mauvis, *t. iliacus* (vulg. *tourdre*); la draine, *t. viscivorus* (vulg. *terído*); le merle, *t. merula;* le merle à plastron blanc, *t. torquatus* ; le merle de roche, *t. saxatilis* (vulg. *merle roukié*) ; le merle bleu, *t. cyaneus;* le loriot, *oriolus galbula* (vulg. *fígo-l'âouriôou*); le rossignol, *motacilla luscinia ;* la fauvette des jardins, *m. hortensis* (vulg. *bouscarído*); la fauvette-hippolaïs, *m. hippolais;* deux espèces de fauvettes à tête noire, *m. atricapilla* et *m. melanocephala* (vulg. *ca-negre*); la fauvette des roseaux, *m. salicaria;* le rouge-gorge, *m. rubecula* (vulg. *boués*); le becfigue, *m. ficedula ;* le roitelet, *m. regulus* (vulg. *peti-roué*) ; le troglodite, *m. troglodites* (vulg. *fenouïé*) ; le rossignol de muraille, *m. phœnicurus* (vulg. *cuïo-rousso*) ; le rouge-queue, *m. erithacus ;* le cublanc, *m. œnant* e le cublanc roussâtre, *m. stapazina ;* la bergeronnette grise, *m. cinerea* (vulg. *pourkiéiréto*); la bergeronnette de printemps, *m. flava* (vulg. *cuïje*) ; l'hirondelle de cheminée, *hirundo rustica* (vulg. *hiroûndo*); l'hirondelle de fenêtre, *h. urbica* (vulg. *barbajôou*) ; l'hirondelle de rocher, *h. montana;* le martinet, *h. apus* (vulg. *âoubatestre*); l'engoulevent, *caprimulgus europœus;* l'alouette, *alauda arvensis;* la farlouse, *a. pratensis* (vulg. *grassé*) ; la calandre, *a. calandra;* la calandrelle, *a. brachydactyla;* le cochevis, *a. cristata*, et l'alouette huppée, dite coquillade, *a. undata*, sont appelés ici *kikiâdo;* l'alouette lulu, *a. nemorosa* (vulg. *vitilu* ou *sourdéto*); la charbonnière ou grosse mésange, *parus major* (vulg. *larghiéiréto*) ; la mésange bleue, *p. cœruleus;* le proyer, *emberisa miliaria;* l'ortolan, *e. hortulana* (vulg. *sansañfusi*) ; le pinson, *fringilla cœlebs* (vulg. *kinsou*) ; la niverolle, *f. nivalis;* le moineau, *f. domestica* (vulg. *passerou*); le friquet, *f. montana;* le serein-vert, *f. serinus* (vulg. *serisin*) ; la linotte, *f. linotta;* le tarin, *f. spinus* (vulg. *tutin*) ; le chardonneret, *f. carduelis* (vulg. *cardounio*) ; le gros-bec, *loxia coccothraustes* (vulg. *durbé*) ; le verdier, *l. chloris* (vulg. *verdun*); l'étourneau, *sturnus vulgaris* (vulg. *estournél*); le corbeau, *corvus corax* (vulg. *courbatas*) ; la corneille, *c. corone* (vulg. *grâïo*) ; le freux, *c. frugilegus;* la corneille mantelée, *c. cornix;* la pie, *c. pica* (vulg. *agâsso* ou *margo*); le geai, *c. glandarius* (vulg. *gâs*) ; la huppe, *upupa epops* (vulg. *lepégo* ou *pupûdo*) ; deux espèces de grimpereaux, *certhia familiaris* et *c. muraria* (vulg. *escalâïre*); le martin-pêcheur, *alcedo hispida* (vulg. *verdé*).

Grimpeurs. — Le pic-vert, *picus viridis* (vulg. *piver*) ; le torcol, *yunx torquilla* (vulg. *pi-de-la-*

lengo) ; le coucou , *cucutus canorus* (vulg. *coucu*).

Gallinacés. — La perdrix rouge , *tetrao rufus* (vulg. le mâle *perdigal* , la femelle *perdrise*); la perdrix grise , *t. cinereus :* celle-ci est aussi rare que l'autre est commune. La caille , *t. coturnix.* Le ramier, *columba palumbus* (vulg. *pouloumbo*) , le biset , *c. livia,* la tourterelle , *c. turtur.* C'est à l'ordre des gallinacés qu'appartiennent la plupart des oiseaux de basse-cour, désignés collectivement sous le nom de *volaille.*

Échassiers. — L'outarde, *otis tarda.* Le pluvier doré, *charadrius pluvialis ;* le guignard , *c. morinellus ;* le courlis-de-terre , *c. œdicnemus ;* le vanneau , *tringa vanellus ;* la grue, *ardea grus ;* la cigogne blanche , *a. ciconia ;* le héron , *a. cinerea* (vulg. *guirâou-pescâïre*) ; la bécasse , *scolopax rusticula ;* la bécassine, *s. gallinago ;* la petite bécassine, *s. gallinula ;* le râle de genêt , *rallus crex* (vulg. *réy de câïo*) ; le râle d'eau, *r. aquaticus* (vulg. *rascle*); la marouette , *r. porzana ;* la poule d'eau , *fulica chloropus* (vulg. *poûlo d'âïgo*); la poulette d'eau, *f. fusca* (1).

Palmipèdes. — L'oie, *anas anser* (vulg. *âouco*) ; le canard sauvage, *a. boschas* (vulg. *colver*) ; le millouin, *a. ferina* (vulg. *bouy*) ; la sarcelle , *a. querquedula ;* la mouette cendrée , *larus cinerarius* (vulg. *bânèlo*).

Les échassiers et les palmipèdes fournissent à ce pays une quantité d'espèces peu connues des chasseurs, parce que ce sont des oiseaux de passage que l'on tue rarement. Nos oiseaux domestiques sont en fort petit nom-

(1) Il y a quelques années qu'un flammant , *phœnicopterus ruber,* fut tué à Corbès, hameau situé à 2 milles au nord d'Anduze.

bre. On élève quelques canards, des poules, des dindes et des pigeons. Ce n'est que dans un très-petit nombre de maisons de campagne, qu'on trouve des oies, des pintades et des paons.

3. Reptiles.

Sauriens. — Trois espèces de lézards, dont deux, le lézard vert, *lacerta viridis*, et le lézard brun, *l. sepium*, sont connues vulgairement sous le nom de *luser;* l'autre, le lézard gris, *lacerta agilis*, sous celui de *tinglóro.*

Ophidiens. — L'orvet, *anguis fragilis* (vulg. *nadiel*); la couleuvre à collier, *coluber natrix;* la couleuvre verte et jaune, *c. atro-virens;* la couleuvre vipérine, *c. viperinus.* On désigne tous ces serpens sous le nom vulgaire de *ser :* on les craint, on n'ose pas en approcher, et ce sont des animaux très-innocens pour l'homme. Il n'en est pas de même de la vipère, *vipera berus*, dont la morsure est dangereuse (1); heureusement elle est rare dans cette contrée.

Batraciens. — La grenouille commune, *rana esculenta;* la grenouille rousse, *r. temporaria;* la rainette, *r. arborea.* Plusieurs espèces de crapauds, *r. bufo*, *r. bombina fusca*, *r. bombina*, *r. variabilis :* quelques salamandres, *salamandra vulgaris*, *s. mar-*

(1) Quand les symptômes ne sont pas graves, on verse quelques gouttes d'alcali volatil sur la blessure, et on la recouvre d'une compresse mouillée avec le même alcali. On frotte légèrement le membre malade avec de l'huile d'olive tiède. On fait prendre à l'intérieur 5 ou 6 gouttes d'alcali volatil dans une tasse d'infusion de feuilles d'oranger ou de tout autre véhicule. Dans les cas graves, il faut cautériser la plaie et employer d'autres moyens encore, qui ne peuvent être administrés que par un homme de l'art.

morata, *s. punctata*, *s. palmata*: on les appelle vulgairement *blândo*.

4. Poissons.

Les poissons qu'on trouve dans nos rivières, ne sont pas très-nombreux en espèces, et même plusieurs d'entre elles ne se rencontrent que hors des limites de notre contrée ; quelques-unes sont rares. Voici les plus remarquables.

P. cartilagineux. — La lamproie, *petromyzon fluviatilis* (vulg. *lampreso*).

P. osseux. — La truite, *salmo fario* (vulg. *troûcho*); l'ombre, *umbra fluviatilis* (vulg. *rabanénco*) ; le barbeau, *cyprinus barbus* ; la lotte, *gadus lotta* (vulg. *tourgan*) ; le meunier, *l. dobula* (vulg. *arcstou*) ; la loche, *cobitis tænia* (vulg. *tóco*) ; l'anguille, *murœna anguilla*.

II. Grande classe. — Animaux invertébrés.

1. Mollusques.

Les mollusques terrestres et fluviatiles offrent peu d'espèces ornées de belles couleurs. Je vais citer les plus jolies de nos environs.

Gastéropodes. — La limace agreste, *limax agrestis*, la limace rousse, *l. rufus*; l'hélice chagrinée, *helix aspersa*. Celle-ci est l'espèce que l'on mange sous le nom de *cagarâouto*: on mange aussi l'hélice vermiculée, *h. vermiculata*, qu'on appelle *mourghêto*. L'hélice cornée, *h. cornea* ; la bouche rose, *h. rodostoma* ; la variable, *h. variabilis* ; la némorale, *h. nemoralis* ; le peson, *h. algira*. Cette dernière est la plus grosse espèce ; on ne la mange pas. Le bulime décollé, *bulinus decollatus* ; le montagnard, *b. mon-*

tanus; le maillot cendré, *pupa cinerea;* la clausilie ridée, *clausilia rugosa;* l'ambrette amphibie, *succinea amphibia;* la physe des fontaines, *physa fontinalis;* le cyclostome élégant, *cyclostoma elegans;* la nérite d'eau douce, *nerita fluviatilis.*

Acéphales. — Le moule des peintres, *unio pictorum*, et le moule des rivages, *u. littoralis*, sont appelés ici *muscle.*

III. Grande classe. — Animaux articulés.

Annélides. — Le ver de terre, *lumbricus terrestris* (vulg. *verme*); la sangsue, *hirudo medicinalis* (vulg. *sansûro*).

Crustacés. — L'écrevisse, *astacus fluviatilis* (vulg. *escarabisso*); la petite crevette, *palœmon serrata* (vulg. *trencoviéïo*); le cloporte, *oniscus murarius* (vulg. *poucelé*).

Arachnides. — L'araignée commune, *aranea domestica* (vulg. *istiragâgno*); l'araignée à longues pates, *pholcus phalangioides.* Le scorpion d'Europe, *scorpio europœus* (vulg. *escarpiou*); le scorpion fauve, *s. occitanicus.* Le faucheur des murailles, *phalangium cornutum.*

Insectes. — Cette classe, intéressante sous plusieurs rapports, renferme une prodigieuse quantité d'espèces qui se plaisent dans cette contrée. Les unes appartiennent plus particulièrement aux régions méridionales, les autres caractérisent les climats tempérés, et celles-ci sont en plus petit nombre. Il en est qui contribuent par leur forme et leurs couleurs à l'embellissement de nos campagnes; je citerai de préférence ces dernières. Voici les plus remarquables de chaque ordre.

Myriapodes. — Le mille-pieds, *scolopendra morsitans.*

Coléoptères. — La cicindèle des champs, *cicindela campestris*. Plusieurs espèces de carabes, *carabus coriaceus*, *c. viridis*, *c. crux major*; *calosoma sycophanta*. Quelques scarabées, *scarabæus typhœus*, *s. taurus*, *s. sacer*, *s. vacca*, *s. fimetarius*, *s. furcatus*. Des hannetons, *melolontha fullo*, *m. villosa*, *m. vulgaris*, *m. solstitialis*, *m. vitis*, *m. farinosa*. Deux cétoines, *cetonia nobilis* et *c. morio*. Le grand cerf-volant, *lucanus cervus*. Des richards, *buprestis rutilans*, *b. tenebricosa*, *b. rubi*. Le ver luisant, *lampyris noctiluca* (vulg. *luzéto*); la cantharide, *lytta vesicatoria*. Le *blaps gigas*. Quelques charansons, *curculio salicis*, *c nucum*, *c. barbarus*, *c. vitis*. Le grand capricorne, *cerambyx cerdo* (vulg. *manjopéro*); le *c. moschatus*. Une lamie, *lamia tristis*; le *crioceris merdigera*. La chrysomèle du peuplier, *crysomela populi*. Une coccinelle, *coccinella septem-punctata*, appelée vulgairement *galinéto-d'âou-bon-dîou*.

Orthoptères. — Le perce-oreille, *forficula auricularia* (vulg. *curo-âoureïo*); la blatte, *blatta lapponica* (vulg. *panatiéïro*); la mante religieuse, *mantis religiosa* (vulg. *cabréto*). Plusieurs espèces de sauterelles et de grillons; ceux-ci sont appelés *grit* en patois. Le taupe-grillon, *acheta gryllo-talpa* (vulg. *eskirpe*).

Hémiptères. — Quelques espèces de punaises, *cimex lineatus*, *c. nigrescens*, *c. scutellatus*, *c. thoracicus*; *reduvius cruentus*; le *nepa cinerea*. Quatre espèces de cigales, dont le plus grosse est nommée *cicada plebeia*, et la plus belle *c. hœmatodes*: le mâle de ces insectes est désigné sous le nom vulgaire de *cigâou*.

Névroptères. — Plusieurs espèces de demoiselles, *libellula quadrimaculata*, *l. depressa*: on les nomme ici *agùio*. Le beau *mymeleon libelluloides*, et plusieurs éphémères, *ephemera vulgata*, *e. nigra*, *e. diptera*.

Hyménoptères. — Cet ordre renferme les insectes désignés généralement sous le nom commun d'*abeille*. Leur nombre est considérable; plusieurs méritent d'être cités. D'abord, l'abeille domestique, *apis mellifica* : quelques guèpes, *vespa crabro* (vulg. *taléno*), et *v. occulata*, *tenthredo scrophularia*, *t. flavicornis*, *pompilius viaticus*, *p. fuscus* : plusieurs espèces de fourmis, *formica herculanæa*, *f. rufa*, *f. nigra* : leur nom vulgaire est *fournigo*.

Lépidoptères. — Cet ordre seul offre plus de belles espèces que tous les autres réunis. Les insectes qui lui appartiennent, se nomment *papillons*. Les uns volent le jour, d'autres au crépuscule, d'autres enfin pendant la nuit. Cette différence de leurs mœurs a déterminé leur classification. Je vais citer les plus remarquables de ce pays. Parmi les *diurnes* : le machaon, *papilio machaon* ; le flambé, *p. podalyrius* ; le cardinal, *p paphia*; le morio, *p. antiopa*; le cléopâtre, *p. cleopatra* ; le drap-de-mort, *p. camilla*; le sylvain, *p. proserpina* ; l'aurore de Provence, *p. eupheno* ; le petit nacré, *p. lathona*; le rumina, *p. medesicaste* ; le gazé, *p. cratægi* ; le blanc-de-chou, *p. brassicæ* : quelques espèces confondues sous le nom d'*Argus*, *hesperia argus*, *h. alexis*, *h. hylas*, *h. corydon*, *h. gordius*, *h. rubi*. Parmi les *crépusculaires* : le sphinx de la vigne, *sphinx elpenor* ; le sphinx rayé, *s. lineata* ; le sphinx à tête-de-mort, *s. atropos* ; le sphinx du tithymale, *s. euphorbiæ* ; le sphinx à corne-de-bœuf, *s. convolvuli* ; le sphinx demi-paon, *s. ocellata*. Parmi les *nocturnes*: le grand-paon, *bombyx pavonia major*, la disparate, *b. dispar*, la gracieuse, *b. gratiosa*, la jacobée, *b.*

jacobeæ, celle du saule, *b. salicis*; puis *b. hebe*, *b. vittica*, *b. vinula*. La bombyce du mûrier, *b. mori*, originaire de la Chine, est devenue l'insecte le plus précieux de ce pays; sa chenille qu'on élève pour en obtenir la soie, est appelée *magna* par le peuple, qui désigne les autres chenilles sous le nom commun d'*erûgo*. Nous avons beaucoup de nocturnes, de géomètres, de teignes, de pyrales, et quelques ptérophores dont les couleurs sont plus ou moins variées.

Diptères. — On désigne sous ce nom les insectes généralement appelés *mouches*. Voici les principales : *Tabanus autumnalis*, *musca grossa*, *m. meridiana*, *m. cærulea*, *asilus barbarus*, *a. niger*, *hippobosca equina*, *bombylius punctatus*, *b. major*.

Cet aperçu général sur les productions naturelles de cette contrée, ne donne qu'une faible idée de ses richesses. Il eût fallu pour traiter ce sujet d'une manière convenable, y consacrer autant de pages qu'en renferme cette Notice, et ce n'était pas là l'objet que je m'étais proposé en l'écrivant.

FIN.

TABLE.

Fin de la Table.

ADDITIONS ET CORRECTIONS.

Cet opuscule qui devait paraître en mars, et dont la publication n'a lieu qu'en septembre, renferme quelques détails de statistique, susceptibles de modifications. L'auteur écrivait en 1822; le tableau qu'il a donné est celui de cette époque. Du reste, les changemens survenus en 1823 se réduisent à peu de chose. Il suffira de dire que les filatures sont en plus grand nombre, et que la fabrique des chapeaux de soie, qui a pris un accroissement considérable, est actuellement en réputation.

Il n'est peut être pas inutile d'engager les personnes qui possèdent des documens historiques pour la ville d'Anduze et ses environs, à nous les communiquer. Nous les recevrons avec plaisir, et nous recevrons de même les renseignemens qu'on voudra bien nous transmettre sur tout ce qui a rapport à cette notice : nous désirons y trouver la matière d'un supplément.

PAGES 26, lig. 14, de loin en loin; *lisez :* de loin à loin.
— 38, lig. 2, à 60 toises; *lisez :* à 65 toises.
— *ibid.*, lig. 4, environ 8 lignes; *lisez :* environ 9 lignes.
— *ibid.*, note 1, lig. 1, 60 toises; *lisez :* 65 toises.
— 41, lig. 6 et 7, de 60 toises; *lisez :* de 65 toises.
— 79, lig. 3, en 1747; *lisez :* en 1547.
— 96, lig. 10, en 1632; *lisez :* en 1622.
— 125, lig. 28, ces; *lisez :* ce.
— 128, lig. 7 et 8, de dégoût; *lisez :* du dégoût.
— 136 et 137, puis deux espèces de barbeaux, dont l'une; *lisez :* puis deux espèces assez estimées, le barbeau et la lotte : celle-ci.
— 139, lig. 23, la citrouille; *lisez :* la pastèque ou citrouille.
— 169, lig. 6, vers 1622; *lisez :* vers 1632.
— *ibid.*, lig. 13, en 1586; *lisez :* en 1686.
— 188, note lig. 3, *trincoviègos*; *lisez :* *trcucoviëïos*.
— 230, lig. 9, *lathyvus*; *lisez :* *lathyrus*.
— 232, lig. 18 et 19, en envoient; *lisez :* en voient.
— 240, lig. 4, *sessiflora*; *lisez :* *sessiliflora*.

CARTE DES ENVIRONS D'ANDUZE.

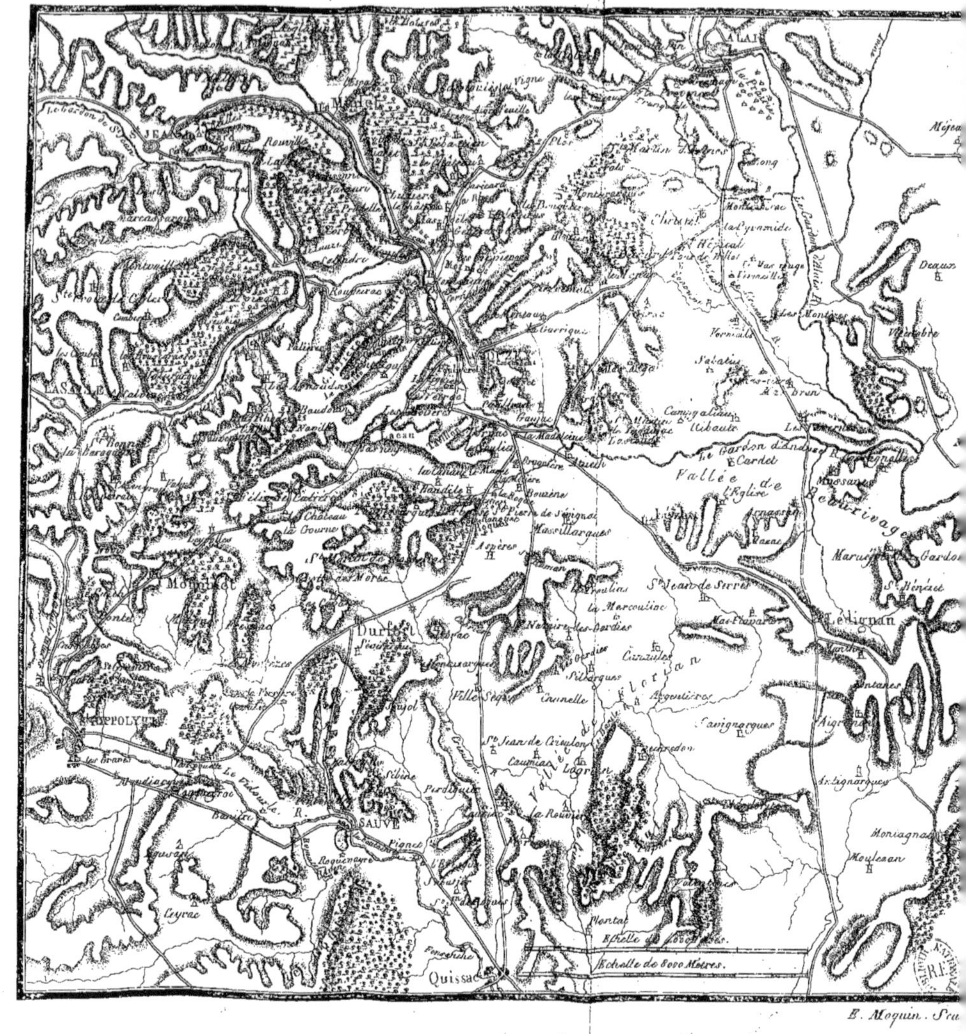

www.ingramcontent.com/pod-product-compliance
Ingram Content Group UK Ltd.
Pitfield, Milton Keynes, MK11 3LW, UK
UKHW020110200726
13856UKWH00002B/481